AUS ALT MACH NEU!

Kinder basteln mit Recyclingsachen

INHALT

TIPPS UND TRICKS
4

1. KAPITEL
PUPPENSTUBE
10

Puppenherd 12
Supernasen 14
Rosis Friseursalon 16
Pompöses Papp-Puppenhaus 18
Kaffeeklatsch 22
Prinzessinnen 24
Blumenlädchen 26

2. KAPITEL
TOLLKÜHNE TYPEN
28

Pinselhelden 30
Rudi Robot 32
Piraten ahoi! 34
Superhasis Raketenrucksack 36
Piratenbande 38
Sturm auf die Ritterburg 40
Popstars 42
Detlef der Drache 44
Party-Monster 46

3. KAPITEL
SPIEL & SPAß
48

Socken-Freaks 50
Trommelwirbel 52
Monsterfütterung 54
Katz und Maus 56
Kegelclub 58
Vorhang auf! 60
Rockstargitarre 62
Walkie Talkies 64

4. KAPITEL
FRÖHLICHE VIECHER
66

Pitsch Patsch Pinguine 68
Ludwig der Löwe 70
Familie Wutz 72
Küken Kindergarten 74
Auf zur Osterinsel 76
Klapperschlange 78
Dieter der Dackel 80
Krokodil Karl Karies 82

5. KAPITEL
FAHREN & FLIEGEN
84

Rennflitzer 86
Raketenstart 88
Waschtag 90
Seilbahn 92
Düsenjets im Anflug 94
Pizzaparkhaus 96
Tatü-tataa Krankenwagen 98
Besuch aus dem All 100

6. KAPITEL
MÄDCHENKRAM
102

Steckenpferd 104
Fesche Feen 106
Entzückende Einhörner 108
Kokeshis 110
Meerjungfrauen 112
Kuschelmiezen 114
Futtereulen 116
Dosenglück 118

VORLAGEN
120

BUCHTIPPS
127

IMPRESSUM
128

TiPPS & TRICKS

SCHATZSUCHE

Recycling heißt eigentlich nichts anderes als „Wiederverwerten". Für dieses Buch bedeutet das, du bastelst aus Abfallsachen tolle Schätze und lustige Spielsachen. Das ist ein bisschen wie Zaubern.

Zunächst einmal brauchst du so spannende Dinge wie Klopapierrollen, Kronkorken, Schraubverschlüsse, alte Socken, leere Eierkartons, Pappschachteln, usw. Du wirst staunen, was du alles gebrauchen kann! Im Nu bist du im Sammelfieber. Frage deine Oma, die Nachbarn und Freunde, ob sie dir helfen, ein paar „Schätze" zu sammeln.

ACHTUNG SCHIMMELMONSTER!

Im Müll findest du jede Menge großartige Dinge zum Basteln, z.B. Dosen, Plastikflaschen oder Joghurtbecher. Allerdings solltest du sie ordentlich ausspülen, damit keine Essensreste mehr daran kleben. Sonst fangen deine Bastelwunder irgendwann an zu schimmeln oder zu stinken.

MUT

Zu den meisten Recycling-Gegenständen findest du hier im Buch genaue Angaben was Größe oder Farbe betrifft. Generell solltest du aber entspannt bleiben und dein eigenes Ding machen. Ob Fundstücke jetzt exakt passen oder nicht, ist völlig egal. Nimm die Ideen hier im Buch einfach als Anregung. Bestimmt werden deine Eigenkreationen noch viel toller!

VORSICHT

Besonders vorsichtig solltest du im Umgang mit Cutter und Heißklebepistole sein. Der Cutter ist sehr scharf und du solltest ihn nur zusammen mit einem Erwachsenen benutzen. Dasselbe gilt für die Heißklebepistole. Sie kommt in diesem Buch öfter zum Einsatz, weil man damit die unterschiedlichsten Gegenstände aneinander kleben kann. Benutze in jedem Fall eine Low Melt Heißklebepistole. Die Temperatur ist niedriger als die der herkömmlichen Klebepistolen. Das heißt, du läufst nicht Gefahr Brandblasen davonzutragen. Aber auch hier gilt: Bitte einen Erwachsenen um Hilfe und tüftle danach alleine weiter!

KLEINE NÄHARBEITEN

Mit dem Vorstich (Heftstich) lassen sich Motivteile verbinden. Er ist der einfachste Stich. Mache einen Knoten in das Fadenende, stich mit der Nadel durch den Filz nach unten und im gleichen Abstand wieder nach oben.

VORSTICH

VORLAGEN

Für viele Bastelideen findest du hinten im Buch Vorlagen. Manchmal musst du sie zunächst auf die passende Größe kopieren. Hast du das erledigt, kannst du dir eine Schablone basteln. Lege dazu einen Bogen Transparentpapier auf das gewünschte Motiv und übertrage mit einem Bleistift alle benötigten Teile.

Jetzt kannst du das Transparentpapier auf hellen Fotokarton kleben und deine Teile sauber ausschneiden.

Als Nächstes legst du deine Schablone seitenverkehrt auf den gewünschten Fotokarton und umfährst die äußeren Konturen wieder mit einem Bleistift. Jetzt musst du nur noch die Motive ausschneiden.

Wenn du deine Schablone auf Stoff übertragen möchtest, legst du die Schablone auf die vorbereitete glatte Stoffrückseite und umrandest sie mit einem Bleistift. Dann kannst du sie ausschneiden.

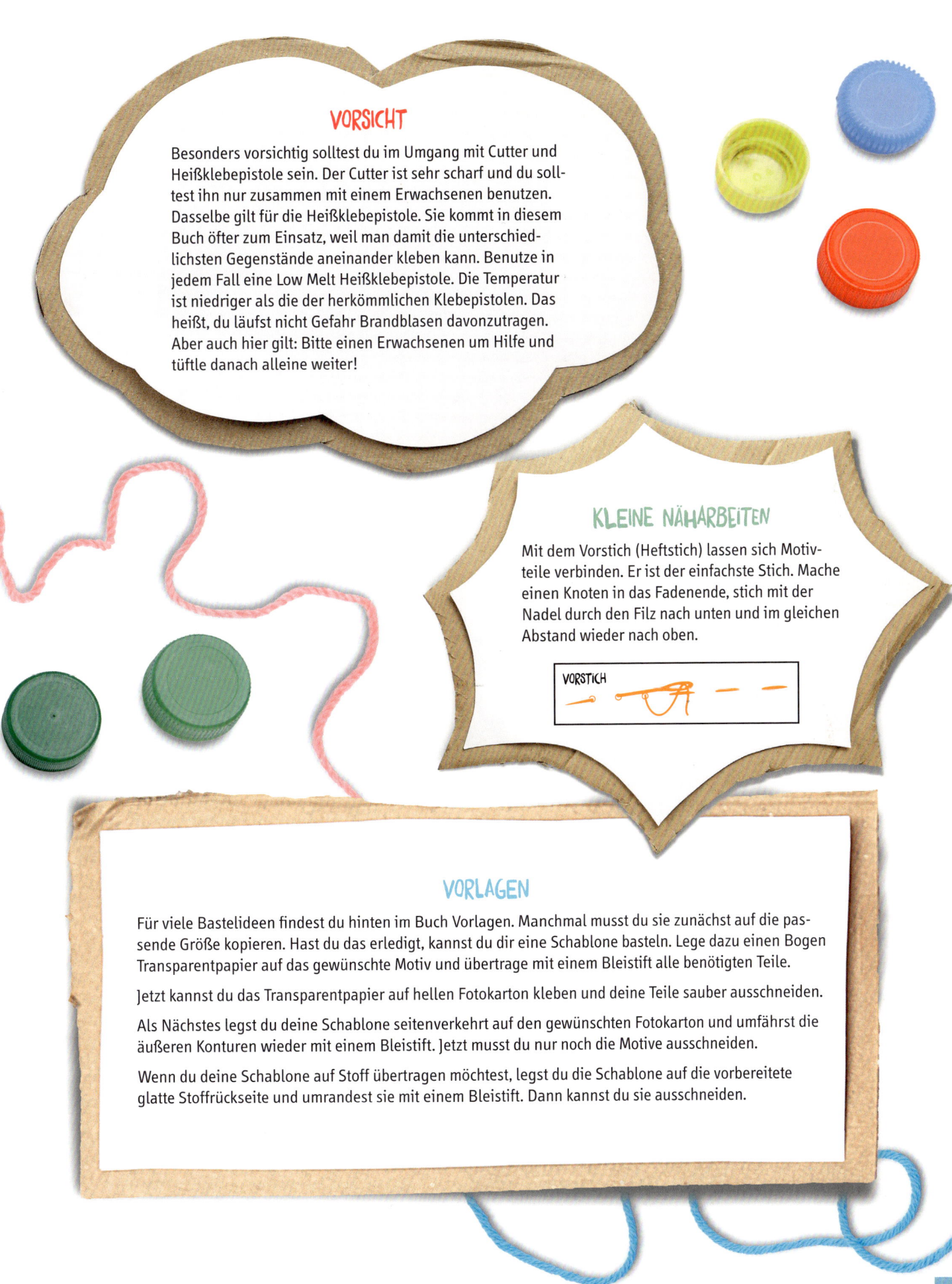

UNTERLAGE

Immer, wenn du mit Farbe oder Kleber arbeitest, solltest du eine Unterlage benutzen. Nimm z.B. ein Stück alten Karton oder ein ausrangiertes Plastik-Tischset.

ALTE KLAMOTTEN

Ob du Papas alte Hemden, einen Malkittel oder einfach alte aussortierte Klamotten aus deinem Kleiderschrank anziehst – Hauptsache. du trägst beim Basteln etwas, das schmutzig werden darf. Sonst bist du die ganze Zeit damit beschäftigt, darauf zu achten, dass du deine Kleidung sauber bleibt und kannst nicht entspannt basteln.

FARBE

Streiche eine Bastelarbeit lieber zweimal dünn an als einmal dick. Zu viel Farbe auf einmal macht unschöne Streifen.

1. EINWEGHANDSCHUHE

Sie sind eine prima Hilfe gegen matschige Farbfinger. Du bekommst sie z.B. im Drogeriemarkt. Wenn sie vollgematscht sind, kommen sie in den Müll und deine Hände bleiben sauber.

2. SCHASCHLIKSPIESSE

Sie sind die Mal-Geheimwaffe. Zum einen kannst du Perlen, Korken usw. einfach auf die Spieße aufpiken und sie so leichter bemalen. Zum anderen kannst du mit den Schaschlikspießen auch ganz wunderbar malen. Mit der Spitze zeichnest du ganz zarte Linien, mit dem stumpfen Ende lassen sich gut Punkte, z.B. für Augen, auftupfen.

3. PINSEL

Pinsel gibt es in verschiedenen Stärken und Qualitäten. Ganz normale Borsten- und Haarpinsel reichen völlig aus. Es ist immer gut, verschiedene Breiten zu haben. Wasche deine Pinsel nach dem Basteln immer sofort aus, nur so bleiben sie schön. Ein altes Marmeladenglas mit Wasser hilft dir beim Auswaschen der Pinsel.

4. PAPPTELLER

Auf Papptellern kannst du die Acrylfarbe in kleinen Klecksen zwischenlagern, bevor sie mit dem Pinsel auf dein Kunstwerk wandert. Du kannst darauf auch gut Farben mischen.

5. ACRYLFARBE

Acrylfarbe ist die ultimative Geheimwaffe zur Verschönerung von Pappe, Papier und sogar Plastik. Sie deckt manchmal nicht so gut, deshalb brauchen deine Projekte eventuell einen zweiten Anstrich. Aber das lohnt sich.

6. ACRYLLACK

Mit Acryllack kannst du so ziemlich alles anstreichen. Er deckt richtig gut. Allerdings braucht Lack immer lange Trocknungszeiten. Lass ihn am besten über Nacht trocknen. Wenn es schnell gehen soll, nimmst du besser normale Acrylfarbe.

7. COLORSPRAY

Konservendosen, Eierkartons oder Plastikflaschen kannst du mit Colorspray im Nu mit Farbe umhüllen. Allerdings solltest du ein paar Dinge beachten. Stelle den Gegenstand, der angesprüht werden soll, in eine große Pappbox und sprühe IMMER draußen. Am besten trägst du auch einen Mundschutz, damit du die feinen Farbpartikel nicht einatmest. Bitte auf jeden Fall einen Erwachsenen um Hilfe, wenn du Sprühfarbe benutzen möchtest!

KLEBSTOFF

Bastelkleber, Klebestift und Heißklebepistole sind super und sollten zu deiner Grundausstattung gehören. Toll sind auch Alleskleber und Stoffkleber. Oft kommt ein dicker Kleks Klebstoff aus der Tube. Mit Zahnstocher oder Schaschlikspießen lassen sich kleine Mengen Kleber auftragen. Willst du Bastelkleber flächig auftragen, nimm einfach ein Stück Pappe.

1. FLÜSSIGKLEBER

Flüssigkleber eignet sich prima zum Ankleben von Kleinteilen und vor allem zum punktgenauen Aufkleben, z.B. von Wackelaugen.

2. KLEBESTIFT

Mit dem Klebestift kannst du prima Papier oder Tonpapier auf- oder zusammenkleben. Flüssigkleber wellt das Papier leicht, das sieht weniger schön aus.

3. HEISSKLEBER

Die Heißklebepistole ist, wie der Name schon sagt, ziemlich heiß und du kannst dich schnell verbrennen. Also lass das lieber einen Erwachsenen machen, damit du dich nicht verbrennst. Am besten nimmst du eine Low Melt Pistole, sie wird weniger heiß!

9

PUPPENHERD

MATERIAL

- Pappkarton,
  ca. 26 cm x 22 cm x 16 cm
- Pappkartonrest extra,
  20 cm x 9 cm
- Schraubverschluss in Gelb,
  ø 4 cm
- 4 Plastikdeckel, ø 8 cm – 11cm
- 4 Schraubverschlüsse in Weiß,
  ø 3 cm
- Geschenkpapierrest,
  ca. 25 cm x 15 cm
- Acrylfarbe in Gelb und Pink
- leere Küchenrolle, 20 cm hoch
- UHU Alleskleber Kraft
- Schere
- Pinsel

5

1

Zuerst pinselst du Karton und Plastikdeckel an. Den Karton streichst du mit gelber, die Deckel mit rosafarbener Acrylfarbe an. Lass alles gut trocknen.

2

Jetzt schneidest du dir aus einem Pappkartonrest ein 20 cm x 9 cm großes Viereck zurecht. Beklebe es mit einem schönen Geschenkpapierrest.

3 Schneide eine 20 cm lange, leere Küchenrolle einmal der Länge nach durch. Dann schneidest du wieder der Länge nach einen 5 cm langen Streifen davon ab.

4

Knicke den Streifen ca. 1 cm nach innen und bemale ihn dann mit rosafarbener Acrylfarbe.

Dann klebst du erst die Deckel und anschließend Schraubverschlüsse auf den Puppenherd auf.

6

Zum Schluss bekommt der Herd seine Backofenfront und den Griff.

LEEEECKER

SUPERNASEN

MATERIAL

- 5 Sektkorken
- 5 Wasserbomben
- Schraubverschlüsse und kleine Deckel
- 10 Wackelaugen, ø 5 mm
- verschiedene bunte Schraubverschlüsse
- Wollreste
- Permanentmarker in Schwarz
- Schere
- UHU Bastelkleber

1 Erst ziehst du jedem Sektkorken eine Wasserbombe über den Kopf. Die Spitze des Luftballons sollte dabei wie eine Nase nach vorne zeigen.

2 Mit einem Permanentmarker malst du den Supernasen jetzt einen freundlichen Mund auf und klebst ihnen zwei Wackelaugen auf – eine Nase haben sie ja schon.

3 Aus Wollresten zauberst du lustige Frisuren und klebst sie auf. Dafür wickelst du Wollreste um 2–3 Finger deiner Hand, ziehst das Knäuel ab und knotest einen extra Wollfaden um die Mitte. Als Mützen und Hüte kannst du deinen Supernasen alte Schraubverschlüsse aufkleben.

TIPP

Natürlich lassen sich die Supernasen noch viel schöner machen. Du kannst ihnen aus Geschenkpapierschnipseln Krawatten ankleben oder kleine Accessoires aus Filz basteln. Deiner Fantasie sind keine Grenzen gesetzt!

ROSIS FRISEURSALON

MATERIAL

- 2 eckige Plastikflaschen, 1,5 l
- Acrylfarbe in Haut, Mint und Gelb
- Wolle in Orange
- 2 bunte Knöpfe, ø 1,5 cm
- Permanentmarker in Rot, Pink und Hellblau
- Cutter mit Schneideunterlage
- spitze Schere
- UHU Alleskleber Kraft

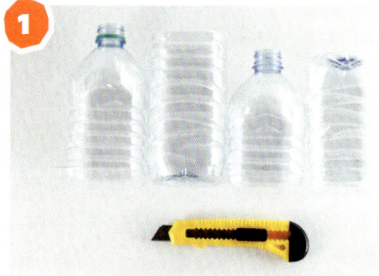

1 Schneide von einer Flasche das obere Drittel und von der anderen das untere Drittel ab. Das Flaschenstück für den Kopf behält seine Schrauböffnung. Schneide aus dem Flaschenstück für den Oberkörper den Verschluss mit einem Cutter oder einer spitzen Schere heraus.

2 Stecke beide Flaschen an der Stelle der Schraubverschlüsse ineinander und verklebe sie mit Kraftkleber.

3 Bemale die Flaschen mit Acrylfarbe. Den Kopf malst du in Rosa, den Oberkörper in Mint an.

4 Dann zeichnest du das Gesicht mit Permanentmarker auf. Die Knöpfe klebst du mit Kraftkleber vorne auf den Oberkörper.

5 Für die Haare umwickelst du ein ca. 50 cm breites Stück Pappe mit Wolle. Ordentlich wickeln! Du brauchst ein richtig dickes Knäuel, schließlich willst du später viel zu frisieren haben.

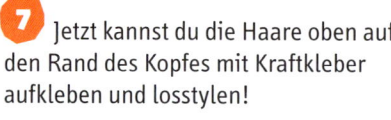

6 Ziehe das Knäuel ab, verknote es in der Mitte mit einem Extrafaden und schneide die Schlaufen auf.

7 Jetzt kannst du die Haare oben auf den Rand des Kopfes mit Kraftkleber aufkleben und losstylen!

POMPÖSES PAPP-PUPPENHAUS

GEBÄUDE

Male die Pappkartons innen und außen mit weißer Acrylfarbe an. Wahrscheinlich brauchen sie noch einen zweiten Anstrich. Streiche die Wände in Hellblau, Rosa oder deiner Lieblingsfarbe an. Alternativ nimmst du Geschenkpapierreste und klebst sie als Tapete oder Badezimmerboden ein. Dann klebst du die drei Hauselemente mit Heißkleber so aneinander, dass ein Gebäude entsteht. Jetzt kannst du einrichten!

MATERIAL

GEBÄUDE
- Pappkarton, ca. 30 cm x 20 cm x 10 cm
- Pappkarton, ca. 30 cm x 20 cm x 15 cm
- Pappkarton, ca. 20 cm x 15 x 10 cm
- Geschenkpapierreste
- Acrylfarbe in Hellblau, Rosa und Weiß
- Pinsel
- Heißkleber

LAMPEN
- größere Schraubverschlüsse (z.B. von Waschmittelflaschen)
- leeres Teelicht

- Borten
- Pomponband
- Schnur
- Acrylfarbe in Hellblau und Mint
- Pinsel
- Prickelnadel
- UHU Alleskleber

BILDERRAHMEN
- Schraubdeckel, ø 9 cm
- Streichholzschachteln
- Geschenkpapierreste
- Acrylfarbe in Gelb
- Pinsel
- Klebestift

LAMPEN

Bohre mit einer Prickelnadel ein Loch in den Boden deiner zukünftigen Lampen. Die Schraubverschlüsse malst du mit Acrylfarbe an. Dann umklebst du die Lampen mit einer schönen Borte. Fädle eine dünne Schnur durch das Loch, verknote sie innseitig und klebe die Lampe mit Heißkleber an die Zimmerdecke.

BILDERRAHMEN

Für die Bilderrahmen kannst du entweder Streichholzschachteln mit Acrylfarbe bemalen und dann Geschenkpapierschnipsel hineinkleben, oder du klebst das Papier direkt passend in einen großen Schraubdeckel. Beides sieht schön aus.

MATERIAL

BETTEN
- 2 große Streichholzschachteln, ca. 2 cm x 6,3 cm x 11 cm
- 8 Holzperlen in Hellgrün, ø 0,8 cm
- Acrylfarbe in Hellgelb
- Pinsel
- UHU Alleskleber

NACHTTISCHLAMPE
- Schraubverschluss, ø 2,5 cm
- Streichhölzer
- Tubendeckel, ø 2 cm
- Heißkleber
- Prickelnadel

NACHTTISCHE
- 4 kleine Streichholzschachteln
- Acrylfarbe in Mint
- Pinsel
- 4 Holzperlen in Hellblau, ø 0,6 cm
- UHU Alleskleber

MATERIAL

KÜHLSCHRANK
- 2 Schachteln, ca. 4,5 cm x 5,5 cm x 6 cm
- Acrylfarbe in Hellgelb
- Pinsel
- Permanentmarker in Weiß
- UHU Alleskleber

HERD
- Schachtel, ca. 5 cm x 5 x 6 cm
- 4 Kronkorken
- Acrylfarbe in Hellgelb und Rosa
- Permanentmarker in Hellblau und Weiß
- Pinsel
- UHU Alleskleber

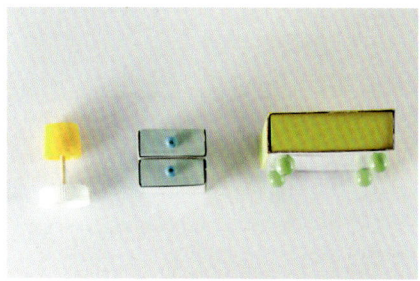

NACHTTISCHLAMPE

Bohre mit einer Prickelnadel ein Loch in den Schraubdeckel und stecke das Streichholz hindurch. Mit Heißkleber klebst du den Tubendeckel jetzt auf die Spitze des Streichholzes.

NACHTTISCHE

Klebe zwei Streichholzschachteln übereinander und streiche das Ganze mit mintfarbener Acrylfarbe an. Zum Schluss klebst du vorne noch zwei Holzperlen als Griffe auf.

BETTEN

Male die Streichholzschachtel mit gelber Acrylfarbe an und lass die Farbe trocknen. Dann klebst du mit Alleskleber die Holzperlen als Beine daran.

HERD

Bemale zunächst die Schachtel und die Kronkorken mit Acrylfarbe und lass alles gut trocknen. Dann klebst du die Kronkorken auf die Schachtel auf und malst die Details, wie z.B. die Ofentür mit Permanentmarker auf.

KÜHLSCHRANK

Male die beiden Schachteln mit Acrylfarbe gelb an und klebe sie anschließend mit Alleskleber übereinander. Dann malst du mit einem weißen Permanentmarker Griffe auf.

BADEWANNE
- Schmierkäseschachtel
- Acrylfarbe in Hellblau
- Pinsel

WASCHBECKEN
- 2 Tubendeckel ø 2 cm
- Plastikdose, ø 4,5 cm
- Cutter mit Schneideunterlage
- Heißkleber

TOILETTE
- 2 Schraubverschlüsse in Weiß, ø 3 und 3,5 cm
- Kosmetikcremedose mit Schraubdeckel, ø 3,3 cm
- Heißkleber

MATERIAL

TISCH UND STÜHLE
- 2 Sektkorken
- Garnrolle, ca. 5 cm hoch
- Schraubverschluss, ø 5,5 cm
- Acrylfarbe in Mint
- Pinsel
- UHU Alleskleber

SOFA
- große Streichholzschachtel, ca. 2 cm x 6,3 cm x 11 cm
- 2 Streifen Schwammrest, ca. 1,5 cm x 1,5 cm x 7 cm
- kleine Schachtel, ca. 8 cm x 3 cm x 2 cm
- Acrylfarbe in Hellblau
- Pinsel

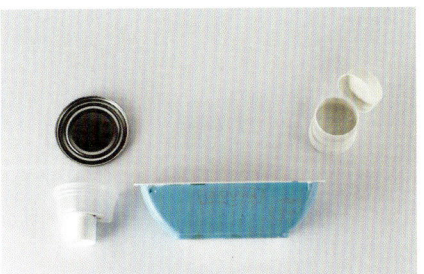

WASCHBECKEN
Halbiere die Plastikdose mit einem Cutter. Dann klebst du die beiden Tubendeckel übereinander und eine Hälfte der Dose darüber.

BADEWANNE
Um aus der Käseschachtel eine Badewanne zu zaubern, brauchst du nur etwas Farbe. Male die Außenseite der Schachtel hellblau an und schon hast du eine schicke Wanne!

TOILETTE
Zuerst klebst du die Schraubdeckel übereinander. Dann schraubst du das Kosmetikdöschen auf und klebst das Unterteil ebenfalls auf den Stapel. Den Deckel klebst du dann schräg nach hinten zeigend daran an. Fertig ist die Toilette.

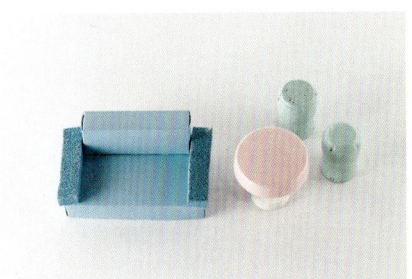

SOFA
Klebe zunächst die Streichholzschachtel, die Schwammstreifen und die kleine Schachtel mit Alleskleber zu einem Sofa zusammen. Dann kannst du das Ganze mit Acrylfarbe anmalen.

TISCH UND STÜHLE
Die Korken bekommen einen Anstrich mit Acrylfarbe. Klebe das eine Ende der Garnrolle mit Alleskleber in die Innenseite des Schraubverschlusses.

KAFFEEKLATSCH

VORLAGEN SEITE 120

1 Auf einen alten Pappkartonrest zeichnest du zuerst Tassenhenkel, Teller und Kannenteile nach Vorlage auf.

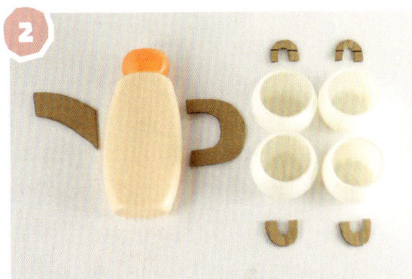

2

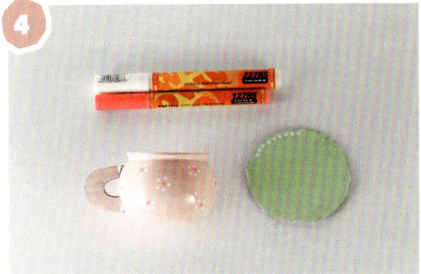

Schneide alle Teile aus und klebe die Henkel seitlich mit Kraftkleber an die leeren Joghurtbecher. Griff und Ausguss der Teekanne klebst du ebenfalls an die Duschgelflasche an. Klebe noch eine Holzkugel als Deckelverzierung auf die Kanne auf.

3

Jetzt wird gepinselt. Male Tassen, Teller und Kanne mit Acrylfarbe oder -lack an und lass sie gut trocknen. Eventuell brauchen sie einen zweiten Anstrich.

4

Dann tupfst du mit der Spitze des Permanentmarkers Pünktchenränder und Pünktchenblümen auf, sodass ein schönes Muster entsteht. Schon kann dein Puppen-Kaffee-Kränzchen beginnen!

PRINZESSINNEN

MATERIAL

- altes T-Shirt in Weiß
- Textilmarker in verschiedenen Farben
- Pappe, ca. 20 cm x 30cm
- Füllung eines alten Kissens oder Füllwatte
- 10 Stecknadeln
- Bügeleisen
- Stoffschere
- Nadel und Faden

2

Dann kannst du deine Prinzessinnen auf das T-Shirt malen. Lass deiner Fantasie dabei freien Lauf! Wenn du mit dem Ergebnis zufrieden bist, entfernst du die Pappe und bügelst von links einmal über das Motiv, um es zu fixieren.

3 Jetzt schneidest du die Prinzessin zweilagig aus. Lass dabei 2 cm Rand zu deiner Zeichnung.

5 Als Nächstes nähst du mit Nadel und Faden einmal um die Prinzessin herum. Nur unten an den „Füßen" lässt du eine ca. 6 cm große Öffnung. Verknote das Fadenende, ziehe die Stecknadeln ab und wende die Prinzessin wieder auf die „richtige" Seite.

6

Fülle sie nun so lange mit Füllwatte, bis sie eine schöne Form bekommen hat.

1

Bevor du losmalst, legst du zuerst ein Stück Pappe zwischen die Innenseiten des T-Shirts, damit die Farbe der Textilmarker nicht auf die andere Shirt-Seite durchdrückt.

4

Lege die bemalte Seite vor dich hin. Die unbemalte Seite legst du passend darüber. Dann heftest du den Rand ringsherum mit ein paar Stecknadeln fest, damit dir beim Nähen nichts verrutscht.

7

Jetzt noch Öffnung zunähen und fertig!

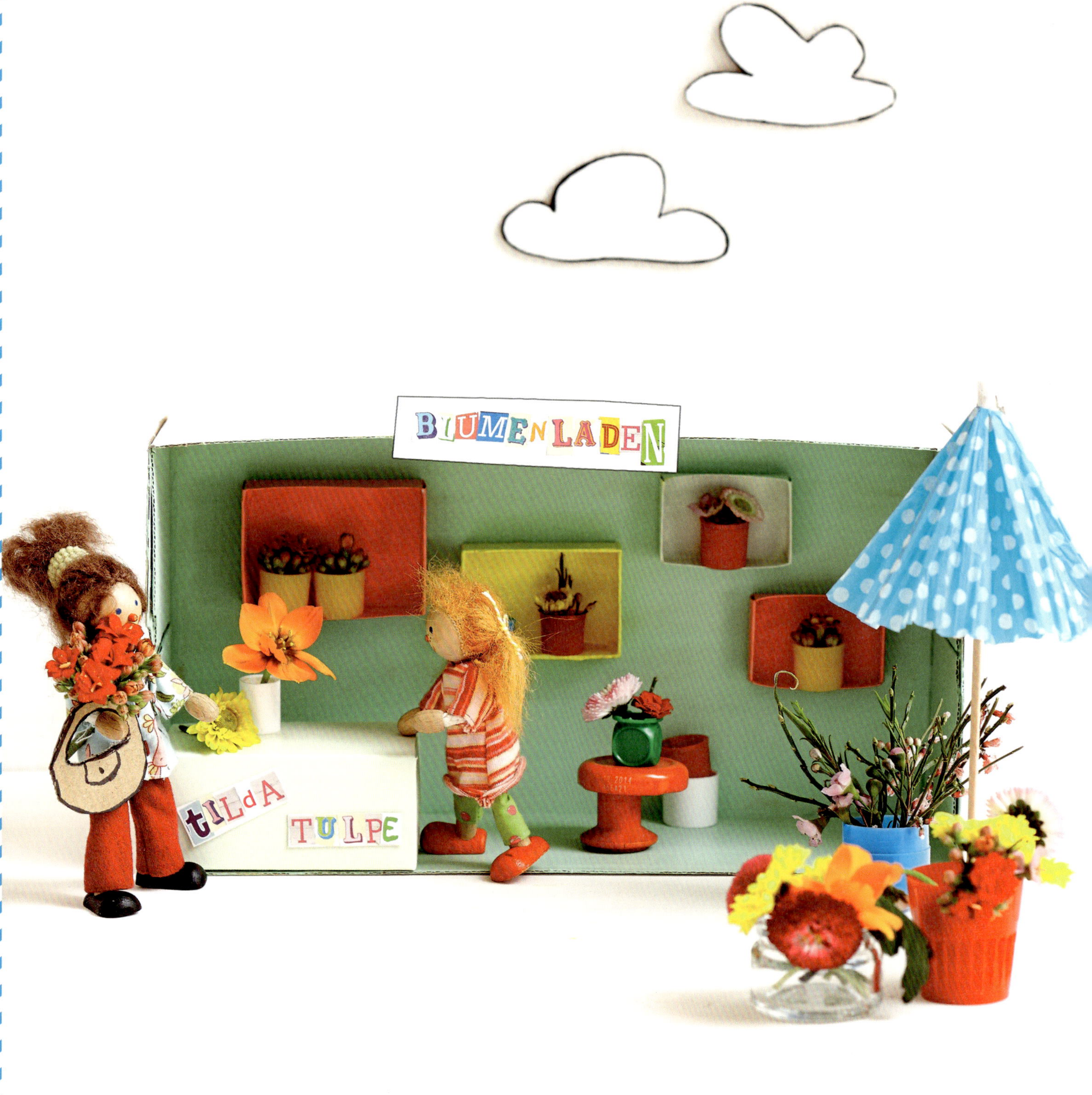
BLUMENLADEN
TILdA
TULPE

BLUMENLÄDCHEN

MATERIAL

- Schuhkarton
- kleine und große Streichholzschachteln
- kleine Schachtel, ca. 10 cm x 5 cm x 5 cm
- diverse Schraub- und Tubendeckel
- Schraubverschlüsse
- kleine Gläser
- Garnrolle
- Plastikei-Hülle
- alte Zeitschriften
- Acrylfarbe in verschiedenen Pastelltönen
- Pinsel
- Klebestift
- UHU Alleskleber
- Schere

1 Nimm den Deckel des Schuhkartons ab. Achtung, nicht wegschmeißen, du brauchst ihn später noch. Male die Innenseiten der Schachtel mint an.

2

Schiebe die Innenkästchen aus den Streichholzschachteln und bemale sie innen und am Außenrand in Pastelltönen. Trocknen lassen.

3

Als Nächstes klebst du mit Alleskleber die farbigen Schachteln als Regale in den Karton. Probiere vor dem Aufkleben aus, wo sie stehen sollen.

4

Jetzt kannst du einrichten. Schraubdeckel, Tubendeckel, Plastikei-Hälften und kleine Gläser eignen sich prima als Vasen und Pflanzgefäße. Probiere einfach aus, was dir gefällt. Vielleicht findest du auch noch ein Eisschirmchen als Sonnenschirm?

5

Für den Namen deines Ladens schneidest du einzelne Buchstaben aus Zeitschriften aus und klebst sie mit Klebestift der Reihe nach auf. Schneide den Namen aus und klebe ihn auf ein kleines passendes Stück Pappe.

6 Befestige das Schild mit Alleskleber an deinem Laden. Nun kannst du Blümchen pflücken gehen und losspielen!

PINSELHELDEN

Als Nächstes zeichnest du mit einem dünnen Permanentmarker das Gesicht auf.

MATERIAL

- 4 alte Pinsel
- Alufolienreste
- Klebefilm
- 4 Kronkorken
- alte Zeitschriften
- Bastelfilz in Rot, Grün, Blau, Schwarz und Lindgrün, DIN A5
- Filz- und Nickistoffreste
- Wackelaugen in verschiedenen Größen
- Permanentmarker in Schwarz
- Acrylfarbe in Rosa, Hellblau, Rot, Grün und Lindgrün
- Pinsel
- UHU Alleskleber
- Schere

4 Schneide aus Bastelfilz einen Umhang und einen Streifen für die Superheldenmaske zurecht. Dann beklebst du einen Kronkorken innen mit coolen Motiven aus alten Zeitschriften. Auch ein einzelner Buchstabe sieht gut aus. Oder du malst den Korken innen an.

⚡ VORLAGEN SEITE 121 ⚡

1

Aus Alufolie bastelst du deinem Superhelden einen Oberkörper und Arme. Für die Arme faltest du Streifen zu kleinen Rollen. Lege sie mittig hinter den Pinsel. Ein kleines Knäuel Folie legst du mittig vorne auf den Pinsel und umwickelst dann Knäuel und Arme wieder mit Alufolien-Streifen, bis dir die Form des Oberkörpers gefällt.

2

Jetzt malst du Haare, Gesicht und Körper mit Acrylfarbe auf. Du kannst auch den Alufolienteil mit Acrylfarbe bemalen – ganz wie es dir gefällt. Lass alles gut trocknen.

5

Zum Schluss klebst du Umhang, Kronkorken, Maske und schließlich die Wackelaugen auf deinen Helden auf.

6 Wenn du Schlitze in die Maske schneidest und die Wackelaugen dort hervorgucken lässt, sieht das Ganze noch realer aus. Und jetzt auf zum ersten Abenteuer!

ZANG

RUDI ROBOT

MATERIAL

- Weckglas, 1l
- 2 Konservendosen, ø 6 cm
- Konservendose, ø 8 cm
- 2 Waschmittel-Schraub-verschlüsse
- Acryllack in Hochglanz-Silber
- Draht, 30 cm lang
- 2 Deckel von Vitamintablettenrollen
- Klopapierrolle
- Plastikdeckel in verschiedenen Größen
- Etikett-Aufkleber
- Permanentmarker in Schwarz
- Pinsel
- Cutter mit Schneideunterlage
- Heißkleber

5 Wickle einen 30 cm langen Draht um einen Bleistift, sodass eine Spirale entsteht. Ziehe den Draht ab, biege die Enden nach unten und stecke sie in je einen Tubendeckel der Vitamintabletten-rollen. Das Ganze klebst du als Antennen oben auf den Kopf deines Roboters.

6

Für den Mund schneidest du einen Halb-kreis aus einer Klorolle zu und klebst ihn dann ebenfalls auf. Die Tubendeckel kommen seitlich an den Kopf und fertig ist dein Roboter mit Sichtfenster.

1

Zuerst klebst du vorne mittig den Etikett-Aufkleber auf das Weckglas. Dann sprühst du Glas, Waschmittelschraubverschlüsse und Konservendosen mit Acryllack an und lässt alles gut trocknen.

3

Als Nächstes klebst du alle Teile in der richtigen Reihenfolge mit Heißkleber zusammen.

4 Jetzt kümmerst du dich um das Ge-sicht. Male auf die Plastikdeckel mit Per-manentmarker Augen auf und klebe sie mit Heißkleber an Ort und Stelle fest.

2

Ziehe den Aufkleber nun vorsichtig wieder ab.

TiPP

Rudi Robot leistet gute Dienste als Spardose. Wenn du magst, kannst du aber auch Kekse oder Kaugummis darin aufbe-wahren. Oder kleine Schätze...

PIRATEN AHOI!

MATERIAL

- 3 10er-Eierkartons
- 2 Pappteller in Weiß
- Schaschlikspieß, 30 cm lang
- Acrylfarbe oder -lack in Schwarz und Rot
- Kronkorken
- Pappkartonreste
- Schnur, 60 cm lang
- Pinsel
- Schere
- UHU Alleskleber Kraft

Jetzt kannst du das Schiff mit Acrylfarbe oder -lack schwarz anmalen. Die Spitze für den Aussichtskorb malst du rot an. Wenn die Farbe trocken ist, kannst du noch rote Bullaugen auf das Schiff malen.

Mit Heißkleber klebst du nun alle Pappteile an Ort und Stelle. Als Steuerrad klebst du einen Kronkorken auf die schwarze Eierkartonspitze. Für die Segel klebst du die beiden zugeschnittenen Pappteller an einen Schaschlikspieß. Den Aussichtskorb steckst du auf die Spieß-Spitze und klebst ihn dort ebenfalls fest. Jetzt bohrst du den Mast mittig in das Unterdeck und fixierst ihn dort mit Heißkleber.

☙ VORLAGEN SEITE 120 ☙

Zuerst zerschneidest du von zwei 10er-Eierkartons die Deckel ab. Du brauchst insgesamt einen ganzen Eierkarton, einen Deckel, einen halbierten Deckel und eine halbierte Unterhälfte. Für Steuerrad und Aussichtskorb schneidest du zwei Spitzen aus den Restkartons heraus. Klebe alles, bis auf den Aussichtskorb, wie auf dem Foto zu sehen mit Alleskleber zusammen.

Als Nächstes schneidest du aus zwei Papptellern nach Vorlage die Segel zurecht. Aus einem alten Stück Pappkarton schneidest du nach Vorlage Leiter, Hängeleiter und Anker zurecht. Klebe zwei ca. 12 cm lange Streifen Schnur an die Rückseite der Hängeleitersprossen und eine Schnur an den Anker.

TIPP

Wenn du noch eine wasch-echte Piratenbande dazu basteln willst, schau mal auf Seite 39 nach!

SUPERHASIS RAKETENRUCKSACK

✿ VORLAGEN SEITE 126 ✿

2 Schneide aus Krepppapier 0,5 cm breite Streifen von der Rolle ab. Du brauchst je einen Streifen in Rot, Gelb und Orange. Falte sie auseinander, teile die Streifen in der Mitte und fasse sie zu zwei kleinen bunten Bündeln zusammen.

3 Diese Bündel klebst du jetzt mit Heißkleber in die Öffnung des Trinkverschlusses. Schraube die Verschlüsse dann auf die Flaschen und klebe beide Flaschen an einer Seite mit Heißkleber aneinander.

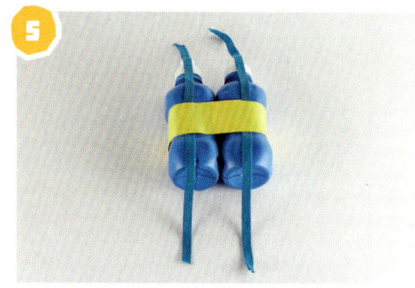

5 Dann schneidest du zwei Stücke Webband (je ca. 40 cm lang) zu, legst sie längs auf die Flaschenrückseiten und klebst sie mit Heißkleber dort fest. Umwickle die Flaschen mit dem gelben Streifen Tonpapier und klebe auch diesen fest.

6 Das Heldenzeichen kommt mittig auf die Vorderseite des Raketenrucksacks. Zum Schluss musst du nur noch die Bänder an dein Kuscheltier anpassen, um die Arme legen, mit einer Schleife festbinden und gegebenenfalls kürzen.

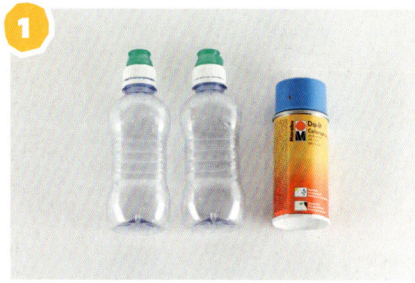

1 Spüle die Flaschen gründlich aus und schraube die Trinkverschlüsse ab. Dann bemalst du sie mit blauer Acrylfarbe. Du kannst sie auch mit Acryllack ansprühen. Lass die Farbe gut trocknen.

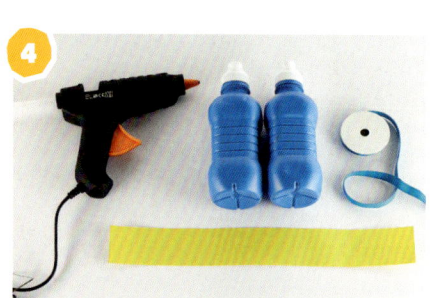

4 Schneide aus gelbem Tonpapier einen 50 cm x 7 cm langen Streifen zurecht. Aus hellblauem und rotem Tonpapier schneidest du nach Vorlage das Heldenzeichen zu.

TIPP

Du möchtest auch für dich selbst einen Raketenrucksack basteln? Nimm einfach größere Flaschen (1,5 l) und längere Webbänder und es kann losgehen!

SUPERHASI

PIRATENBANDE

MATERIAL

- Küchenpapierrollen
- Wattekugeln, ø 5 cm
- Acrylfarbe in Creme und in Farben nach Wunsch
- leere Garnrolle
- Wolle in Orange
- Filzreste in Schwarz und Rot
- Knöpfe
- Tonpapierreste in Gold und Silber
- Permanentmarker in Schwarz
- Pinsel
- spitze Schere
- Heißkleber

Dann zeichnest du mit Permanentmarker Gesichter und andere Details wie Augenklappe, Knöpfe oder Gürtel auf.

✎ VORLAGEN SEITE 121 ☙

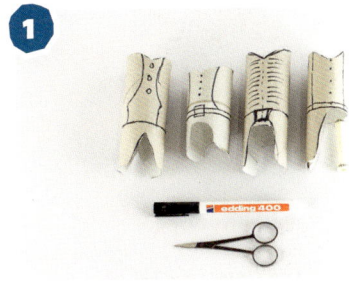

1

Zeichne mit dem schwarzen Permanentmarker die Umrisse der Piratenfiguren vom Hals abwärts auf die Küchenrolle auf. Für die Beine schneidest du vorne und hinten kleine Bögen in die Papprollen. Einem Piraten klebst du eine Garnrolle als Holzbein an. Vorne oben schneidest du einen kleinen Ausschnitt hinein. Skizziere Hose, Gürtel und Oberteile.

2

Bemale die Wattekugeln mit cremefarbener Acrylfarbe.

3 Male die Piraten nun nach Lust und Laune mit Acrylfarbe an: schickes Hemd, Hosenträger oder Ringelshirt – alles ist erlaubt!

4

Klebe die Wattekugeln mit Heißkleber auf die Papprollen auf.

6

Zum Schluss kannst du deiner Piratenbande noch Bärte aus schwarzen Filzresten, Haare aus Wolle, Piratenhüte aus Pappe oder Filz und Knöpfe als Gürtelschnalle aufkleben.

STURM AUF DIE RITTERBURG

MATERIAL

- 4 Sektkorken (mit Draht)
- Papierstrohhalm in Blau-Weiß gestreift
- Getränkekarton, 1 l
- 4 Klopapierrollen
- 4 Kronkorken
- Acrylfarbe in Silber, Weiß, Hautfarben und Hellblau
- Permanentmarker in Schwarz, Rosa und Hellblau
- Pinsel
- UHU Alleskleber

2

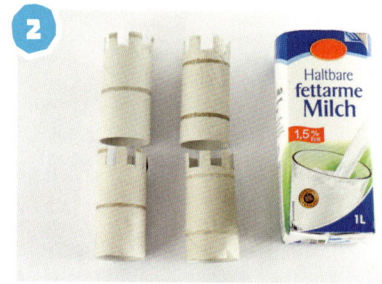

Für die Türmchen schneidest du in gleichmäßigem Abstand sechs kleine Vierecke aus jeder Klorolle heraus. Von dem Getränkekarton schneidest du 1 cm unterhalb der Oberseite einmal ringsherum den ganzen Deckel weg.

3 Streiche die Klorollen und den Getränkekarton mit blauer Acrylfarbe an. Eventuell braucht beides einen zweiten Anstrich.

5 Von einem Strohhalm schneidest du für jeden Ritter ein 6 cm langes Stück ab. Drücke die Röhrchen jeweils an einer Seite platt und schneide die Enden zu Spitzen.

6 Die Kronkorken und den Speer klebst du jetzt mit Alleskleber rechts und links an deine Ritterfigur.

7

Schneide die Klorollen an der Unterseite so ein, dass du sie auf die Ecken vom Getränkekarton stecken kannst. Jetzt ist deine Burg inklusive Burgverteidigungsteam fertig!

1

Zuerst malst du die Sektkorken silber an. Die Kronkorken streichst du mit hellblauer Acrylfarbe an.

4

Jetzt malst du den Rittern mit hautfarbener Acrylfarbe ein Gesichtsfeld auf. Wenn die Farbe getrocknet ist, zeichnest du die Gesichter mit Permanentmarkern auf.

POPSTARS

✄ VORLAGEN SEITE 121 ✄

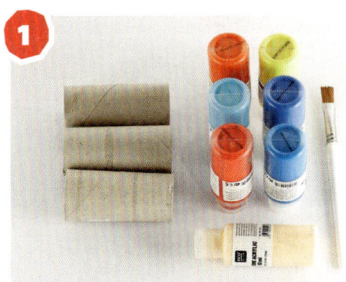

Die Klorollen bekommen einen Anstrich in jeweils drei verschiedenen Farben. Für den Kopf malst du ein Drittel der Klorollen hautfarben an.

Gestalte deinen Rockstars unterschiedliche Frisuren: Schneide einen Schwamm in Streifen und klebe die unterschiedlich langen Streifen in die Rolle. Für den zweiten Look kürzt du ein Bündel Strohhalme auf unterschiedliche Längen und klebst sie in die Rolle. Dem dritten Rockstar klebst du einen Stahl-schwamm auf den Kopf.

Mit einem dünnen Permanentmarker zeichnest du die Gesichter auf. Dann kannst du Obstnetzreste als Stirnbänder um die Köpfe knoten.

Schneide aus Tonpapier eine Gitarre nach Vorlage zu und male sie an. Klebe eine kleine grüne Schnur daran und fertig ist die E-Gitarre.

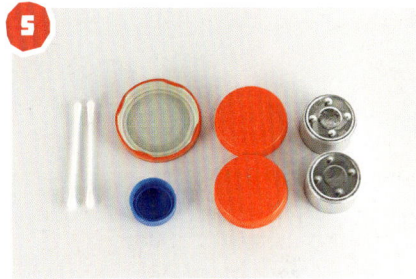

Für das Schlagzeug klebst du die beiden gleich großen Schraubdeckel (ø 6 cm) mit den Innenseiten aneinander. Klebe sie dann an die Oberseite des größten Schraubdeckels. Kürze die Ohrstäbchen auf ca. 3 cm und klebe sie an das Schlagzeug. Nun kommen ein kleiner Schraubdeckel auf die eine und zwei Teelichtböden auf die andere Spitze. Klebe noch einen Stern aus Tonpapier vorne auf das Schlagzeug.

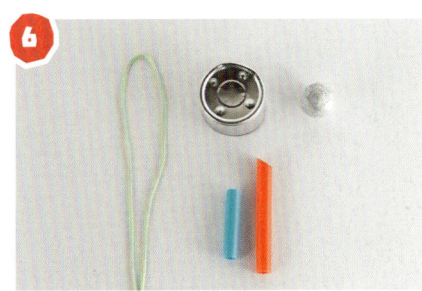

Für das Mikrofon schneidest du mit einer spitzen Schere ein Loch in den Boden eines Teelichts. Dann steckst du ein ca. 7,5 cm langes Stück Strohhalm hindurch und schneidest es schräg ab. Darauf klebst du jetzt ein ca. 4 cm langes Stück Strohhalm fest. Klebe noch eine Wattekugel an die Strohhalmspitze und ein Stück Schnur in das andere Ende. Jetzt kann das Konzert steigen!

DETLEF DER DRACHE

MATERIAL

- leere Sprühflasche
- 3 Tuben, ca. 30 ml
- 2 kleine Shampooflaschen, 50 ml
- 2 Schraubverschlüsse, ca. ø 2 cm
- Schraubverschlüsse, ø 4 cm
- 2 Wattekugeln, ø 3 cm
- Obstnetzreste in Rot, Orange und Gelb
- Tonpapier in Gelb und Rot, DIN A4
- Sprühlack in Grün
- Permanentmarker in Hellblau und Schwarz
- UHU Alleskleber
- Heißkleber

3

Aus rotem und gelbem Tonpapier schneidest du jetzt nach Vorlage Drachenflügel zu. Klebe sie am Rücken des Drachens fest.

4 Aus Obstnetzstücken (ca. 7 cm x 7 cm) bastelst du das Feuer. Einfach verzwirbeln und dem Drachen mit Alleskleber ins Maul kleben.

❧ VORLAGEN SEITE 124 ❧

1

Klebe die beiden Shampoofläschchen mit der Unterseite auf die Schraubverschlüsse. Ist der Kleber trocken, klebst du die beiden Flaschen seitlich an der Sprühflasche fest. Achte auf Standfestigkeit! Klebe noch eine flachgedrückte Tube als Schwanz und zwei Tuben rechts und links als Arme an – fertig ist dein Drachen-Grundkörper!

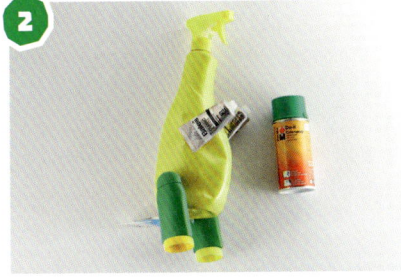

2

Jetzt braucht dein Drache Farbe. Stelle ihn aufrecht in einen großen Karton und besprühe ihn ringsherum mit grünem Acryllack. Lass die Farbe gut trocknen.

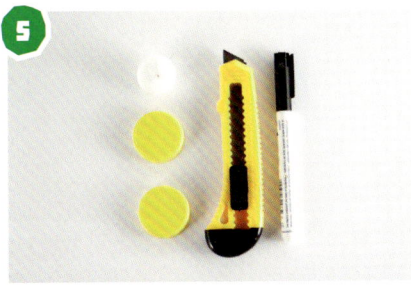

5

Für die Augen halbierst du die Wattekugeln mit der Schere, malst ihnen mit schwarzem Permanentmarker eine Pupille auf und klebst sie dann mit der flachen Seite in die Schraubverschlüsse hinein. Klebe die Augen rechts und links an den Sprühkopf.

PARTY-MONSTER

Für die Augen legst du jeweils zwei Knöpfe übereinander und nähst sie auf der Vorderseite auf. Für den Mund fädelst du jeweils zwei Perlen auf einen Faden auf und nähst sie an dem Monster fest. Das wiederholst du, bis der Mund fertig ist.

Jetzt nähst du die Arme rechts und links an. Dafür schiebst du einen Arm in das nach innen gestülpte Daumenloch und nähst ihn dort fest. Für den anderen Arm drückst du den Handschuh seitlich etwas ein, schiebst dann die Öffnung des Arms hinein und nähst ihn gut fest.

Drehe nun den Handschuh auf die „falsche" Seite, also von innen nach außen, lege die Öffnungen übereinander und nähe sie mit ein paar Stichen gut zu. Dann ziehst du den Handschuh wieder auf die richtige Seite.

Fülle dein Monster jetzt mit ausreichend Füllwatte. Die Hörnchen kannst du mit einem kleinen Bleistift nachstopfen.

Schneide von einem Handschuh Mittel- und Ringfinger bündig ab.

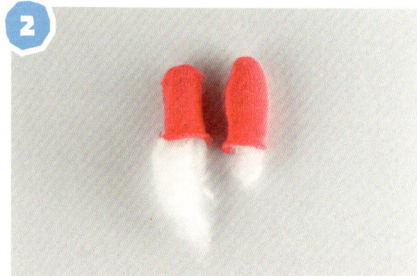

Fülle die beiden abgeschnittenen Finger mit Füllwatte, das werden die Monsterarme.

… TIPP …

Möchtest du ein Sofa für die beiden Monster bauen? Du brauchst dafür einen Deckel eines 10er-Eierkartons, eine längliche Schachtel und zwei Joghurttrinkflaschen. Klebe alles zu einem Sofa zusammen und male es mit Acrylfarbe an!

Zuletzt nähst du dein Monster unterhalb des Bundes zu. Fertig!

SPIEL & SPASS

SOCKEN-FREAKS

MATERIAL

- 4 alte Socken
- 8 Wattekugeln, ø 3 cm
- 8 Plastik-Tieraugen, ø 1,8 cm
- Filzreste
- Wolle in verschiedenen Farben
- Pappkarton, je 15 cm x 15 cm
- Fotokarton in Schwarz und Grün
- Schere
- UHU Alleskleber

✄ VORLAGEN SEITE 125 ✄

1

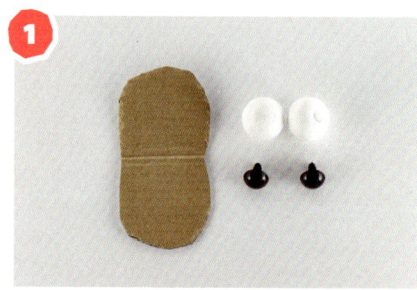

Damit du den Mund deiner Handpuppe später bewegen kannst, schneidest du zuerst ein für deinen Socken passendes Stück Pappe aus einem alten Pappkarton aus und knickst es in der Mitte.

2

Ziehe den Socken auf links und klebe das Pappstück mit Alleskleber um die Spitze des Sockens. Lass den Kleber trocknen und ziehe den Socken wieder auf rechts.

3

Jetzt schneidest du aus Filzresten Kreise für Augen, Zunge, Wimpern oder Zähne zurecht. Klebe sie auf deinen Freak auf.

4 Drehe je ein Tierauge in eine der Wattekugeln und klebe die Wattekugel auf die Filzkreise auf.

5

Wickle Wolle etwa 30-mal um ein ca. 14 cm langes Stück Pappkarton, dann ziehst du die Wolle herunter. Verknote das Knäuel mit einem Extrafaden (ca. 15 cm lang) in der Mitte und klebe die so entstandene Frisur auf die Handpuppe auf.

6 Wenn du Lust hast, kannst du deinem Freak noch gemäß der Vorlage eine Brille oder einen Schnurrbart aus Fotokarton zurechtschneiden.

TIPP

Möchtest du deinen Sockenfreaks auch Mikrofone basteln? Dann schau einfach auf Seite 43 nach, da wird erklärt, wie das geht!

TROMMELWIRBEL

MATERIAL

- runde Dose, ca. ø 16 cm
- Geschenkpapier
- Filz in Hellgrün, 30 cm x 30 cm
- Satinband in Gelb, 1,5 cm breit, 55 cm lang
- Alufolie
- 2 Holzrundstäbe, ø 0,6 cm, 25 cm lang
- Wolle in Gelb und Rosa
- UHU Alleskleber Kraft
- Schere
- Klebestift

1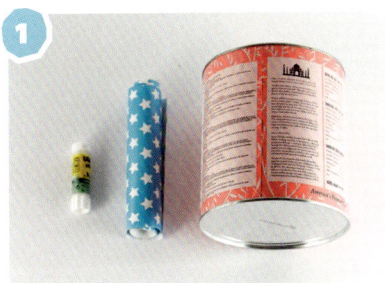

Lege die Dose seitlich auf das Geschenkpapier und zeichne an, wie groß der Papierstreifen werden soll. Schneide das Papier passend zurecht. Dann umklebst du die ganze Dose damit.

2

Klebe mit Kraftkleber ein Ende der gelben Wolle unten an der Dose fest. Dann spannst du den Wollfaden schräg zum oberen Rand. Klebe ihn auch dort mit einem Klecks Kleber fest und führe ihn dann wieder schräg nach unten, sodass ein Dreieck entsteht. Das Ganze wiederholst du so oft, bis die Dose ringsherum dieses Muster hat.

3

Als Nächstes schneidest du einen Filzkreis (ø ca. 25 cm) aus. Am einfachsten geht es, wenn du einen passenden Teller als Schablone zu Hilfe nimmst.

4 Lege den Filz über den geschlossenen Teil der Dose (Dosenboden) und klebe ihn dann mit Krafkleber fest. Klebe einen Streifen Satinband als Zierde um den oberen Rand.

TIPP

Natürlich kannst du so eine Trommel auch im Miniformat für dein Kuscheltier basteln. Das funktioniert ganz genauso wie hier beschrieben – nur alles eine Nummer kleiner.

5

Zum Schluss formst du aus Alufolie jeweils zwei Kugeln um ein Ende der Holzstäbe. Dann wickelst du solange Wolle um die Kugeln, bis die Alufolie nicht mehr zu sehen ist. Ein Klecks Kleber sichert das Ende des Fadens.

MONSTER FÜTTERUNG

MATERIAL

- 2 leere Joghurt-Trinkflaschen mit Schraubverschluss
- je 1 Pompon in Grün und Hellblau, ø 4 cm
- Schere
- Wattekugeln, ø 2 cm
- Wattekugeln, ø 3 cm
- Wolle in Pink und Blau
- Acrylfarbe in Gelb und Grün
- Papperest
- Permanentmarker in Schwarz
- Pinsel
- Cutter mit Schneideunterlage
- Heißkleber

Jetzt kannst du die Flasche mit Acrylfarbe anmalen. Farbe trocknen lassen.

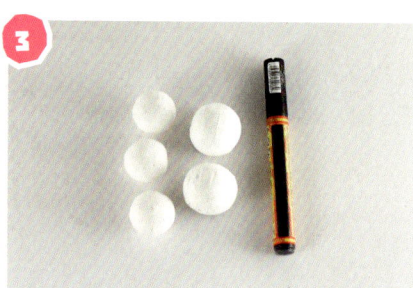

In der Zwischenzeit malst du mit Permanentmarker schwarze Pupillen auf die großen Wattekugeln auf. Von den kleinen Kugeln schneidest du etwa ein Drittel mit einem Cutter ab und malst ebenfalls Pupillen auf.

Dann klebst du die großen Augen mit Heißkleber auf die Flasche und die kleinen auf den Pompon.

Wickle Wolle etwa 20-mal um deine Hand, ziehe das Knäuel dann ab und verknote es mit einem Extrafaden in der Mitte. Jetzt schneidest du mit einer Schere die Schlaufen auf. Klebe die Haare mit Heißkleber mittig auf den Kopf hinter die Augen.

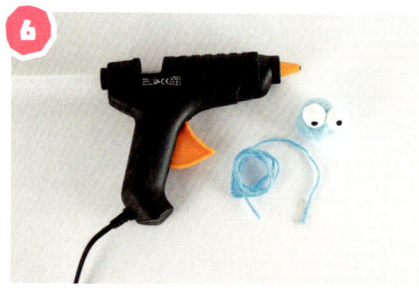

Schneide einen ca. 30 cm langen Wollfaden zurecht und klebe ihn auf ein Stück Pappe (ca. 1 cm x 2 cm). Die Pappe klebst du auf die Unterseite des Pompons. Fädle das andere Ende des Fadens durch das Maul in die Schraubverschlussöffnung der Flasche, lass es 3 cm rausgucken und schraube sie dann zu.

Spüle die Trinkflasche gründlich aus. Dann zeichnest du mit Permanentmarker dein Monstermaul auf den unteren Teil der Flasche und schneidest es aus.

MONSTERFÜTTERUNG

GEFAHR !

ACHTUNG !

KATZ UND MAUS

1

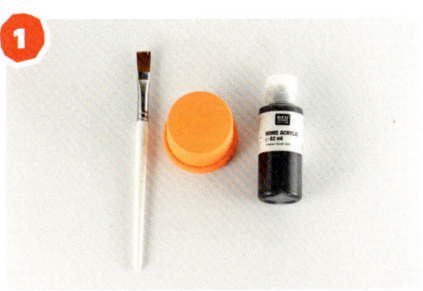

Den Spraydosendeckel bemalst du entweder mit schwarzer Acrylfarbe oder mit Acryllack. Lass die Farbe gut trocknen.

2

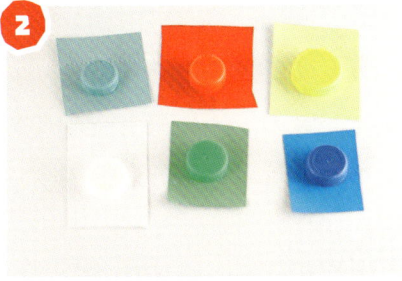

In der Zwischenzeit klebst du die Schraubverschlüsse auf jeweils farblich passendes Tonpapier und schneidest die Mäuse dann ringsherum mit Mäusenase aus.

3

Für die Ohren schneidest du aus farblich passendem Tonpapier nach Vorlage Stücke zurecht. Diese werden dann eingeschnitten, an der Schnittstelle übereinander geschoben und zusammengeklebt.

MATERIAL

- Spraydosendeckel, ca. ø 5 cm
- Flaschen-Schraubverschlüsse in 6 verschiedenen Farben
- Tonpapier in passenden Farben
- Acrylfarbe oder -lack in Schwarz
- Klebestift
- Schere
- Wollreste in passenden Farben
- Filzrest in Schwarz
- Permanentmarker in Weiß und Rosa
- UHU Alleskleber
- Farbwürfel

4 Schneide für jede Maus einen ca. 25 cm langen, farblich passenden Wollfaden zu und klebe ihn auf der Unterseite der Maus fest. Die Öhrchen klebst du seitlich rechts und links an.

⚡ VORLAGEN SEITE 121 ⚡

5

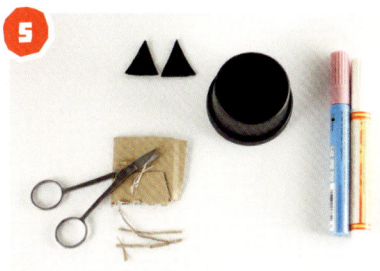

Jetzt kommt die Katze dran. Zeichne mit Permanentmarker Augen und Gesicht auf. Schneide wie bei den Mäusen Ohren zu (nun allerdings aus Filz) und klebe sie an.

6 Den Farbwürfel musst du eventuell an die Farben deiner Schraubdeckel anpassen. Dafür übermalst du nicht passende Farben einfach mit Permanentmarkern in der „richtigen" Farbe.

SPIELREGELN

Je ein Spieler bekommt entweder die Katze oder eine Maus. Es wird reihum gewürfelt. Die Katze muss versuchen, die Maus in der gerade gewürfelten Farbe zu fangen. Der Spieler mit der Maus versucht seine Maus schnell genug am Wollfaden wegzuziehen.

KEGELCLUB

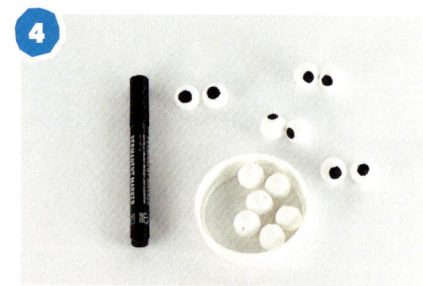

1 Entferne alle Aufkleber von den Duschgel- oder Shampooflaschen und spüle die Flaschen gründlich aus.

Male schwarze Pupillen mit Permanentmarker auf die Wattekugeln und klebe die Augen dann ebenfalls auf.

TIPP

Natürlich kannst du deine Kegel auch noch weiter verzieren. Klebe ihnen Glitzersterne auf oder umklebe die Bäuche mit buntem Masking Tape.

Wickle Wolle um deine Handfläche oder über ein längeres Stücke Pappe (ca. 25 cm lang), ziehe sie ab und verknote die Mitte mit einem Extrafaden. Du kannst die Frisur entweder so lassen oder du schneidest die Schlaufen auf. Probiere einfach verschiedene Frisuren aus!

Zum Schluss malst du den Kegelkerlchen mit Permanentmarker Münder auf. Jetzt musst du nur noch irgendwo einen kleinen Ball auftreiben und los geht die Kegelei!

3 Klebe die Haare nun mit Heißkleber oder Alleskleber oben auf die Flasche.

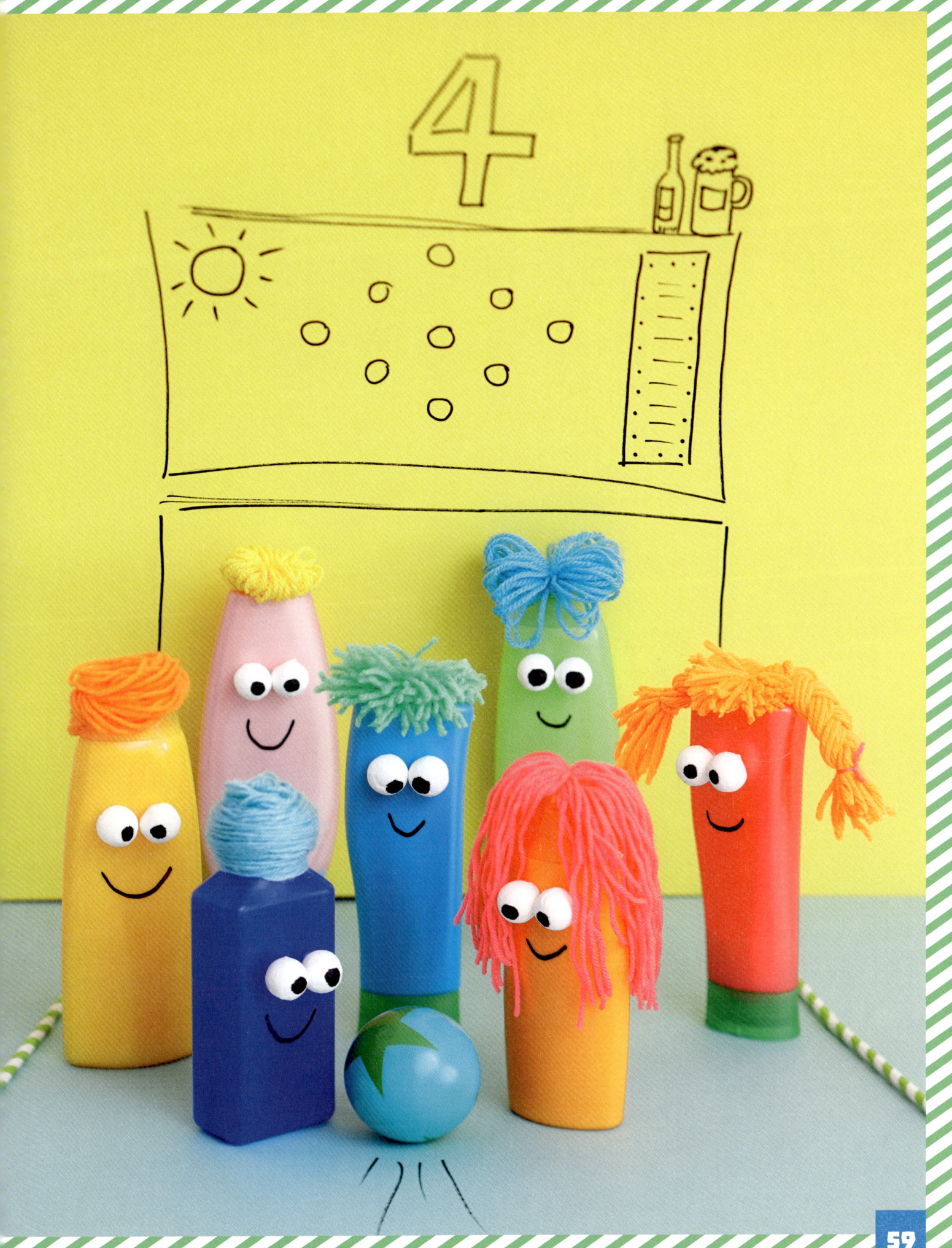

VORHANG AUF!

Zuerst bastelst du die Grundkörper der Figuren.

ELEFANT

Du brauchst einen Sektkorken für den Bauch und einen halben Weinkorken für den Kopf. Für die Beine teilst du einen Weinkorken in vier Teile, zwei dünne Sektkorken-Scheiben werden die Ohren. Eine kleine Spitze aus einem Korkenrest wird der Schwanz. Den Rüssel formst du aus Alufolie und klebst ihn an den Kopf.

Ähnlich wie den Gewichtheber kannst du noch weitere Zirkusleute basteln. Sind alle Figuren fertig, malst du sie nach Lust und Laune an.

LÖWE

Schneide von einem Schaschlikspieß 2,5 cm lange Stücke als Beine zurecht. Bohre in den Sektkorken-Körper Löcher für die Beine mit einer Prickelnadel vor und stecke sie hinein. Als Schwanz klebst du eine Holzkugel auf. Für den Feuerring wickelst du ein 35 cm langes Stück Draht um ein Glas (ø 7cm) und verzwirbelst die Enden. Stecke das lange Ende in einen Schraubverschluss (stich vorher ein Loch hinein). Jetzt umklebst du den Ring mit Feuerstreifen aus Masking Tape.

GEWICHTHEBER

Für den Gewichtheber klebst du einen Wein- und einen Likörkorken aufeinander. Für die Hanteln schneidest du zwei ca. 1,5 cm dicke Scheiben Weinkorken zu, kürzt einen Schaschlikspieß auf 10 cm und steckst das Ganze dann zusammen. Aus zwei 8 cm langen Stücken Chenilledraht formst du die Arme. Für die Muskeln umwickelst du die Arme nochmals mit zwei Extrastücken Chenilledraht.

Für die Frisuren der Zirkusleute wickelst du Wolle um zwei Finger oder um deine ganze Hand. Ziehe das Knäuel ab, verknote es mit einem Extrafaden, schneide die Schlaufen auf und klebe die Haare auf.

ROCKSTAR GITARRE

MATERIAL

- Pappschachtel, ca. 20 cm x 22 cm x 5 cm (größer geht auch)
- leere Geschenkpapierrolle, ca. 30 cm hoch
- 3 Holzstäbchen, je 12 cm lang
- 8 Musterklammern
- Wolle in Rot
- Acryllack in Gelb, Rot und Hellblau
- Pinsel
- Stift
- Schere
- Prickelnadel
- Cutter mit Schneideunterlage
- UHU Alleskleber

Jetzt malst du die Schachtel, die Papprolle und die Holzstäbchen mit Acryllack an und lässt die Farbe gut trocknen, am besten über Nacht.

Stich mit einer Prickelnadel ober- und unterhalb des Kreises je vier Löcher im Abstand von 1 cm in die Schachtel. Hier steckst du anschließend die Musterklammern hindurch und biegst sie auf der Innenseite um.

Schneide vier ca. 20 cm lange Wollfäden zu und knote sie als Gitarrenseiten an die Musterklammern.

Mit einem Cutter schneidest du je drei Löcher links und rechts in den oberen Teil der Papprolle. Die Schlitze sollten so groß sein, dass du die Holzstäbchen hindurchstecken kannst. Achte beim Schneiden darauf, dass die Schlitze rechts und links gleichmäßig sind, sonst sitzen die Holzstäbchen später schief.

Zum Schluss klebst du die Papprolle auf die Oberseite der Pappschachtel und schon kannst du losrocken!

Zuerst schneidest du einen ca. 11 cm großen Kreis in die Vorderseite der Pappschachtel. Zeichne dazu den Kreis erst auf, stich mit einer spitzen Schere in die Mitte des Kreises und schneide ihn aus.

WALKIE TALKIES

MATERIAL

- 2 kleine Pappschachteln, ca. 4 cm x 7 cm x 10,5 cm
- 2 Schraubverschlüsse in Blau, ø 3 cm
- 2 Schraubdeckel in Weiß, ø 2 cm
- 2 kleine Deckel, ø 1 cm
- 2 Wattekugeln, ø 2 cm
- Strohhalm

- Moosgummi in Hellblau, Grün und Gelb, DIN A5
- Permanentmarker in Schwarz
- Acrylfarbe in Silber und Hellblau
- Pinsel
- Schere
- spitze Schere
- UHU Alleskleber
- Heißkleber

✿ VORLAGEN SEITE 123 ✿

1 Zuerst bekommen Schachteln und Strohhalm einen Anstrich mit silberfarbener Acrylfarbe.

2 Die Wattekugeln malst du hellblau an. Lass die Farben gut trocknen.

3 In der Zwischenzeit schneidest du aus Moosgummi nach Vorlage die Kleinteile zurecht. Du kannst sie anschließend mit Permanentmarker nach Lust und Laune bemalen.

4 Schneide zwei ca. 5 cm lange Stücke von dem Strohhalm ab und klebe auf jedes Stück eine Wattekugel. Das andere Ende steckst du in das Walkie Talkie. Dafür bohrst du mit einer spitzen Schere auf der Oberseite seitlich ein kleines Loch, steckst die Strohhalm-Antenne hindurch und klebst sie mit Heißkleber fest.

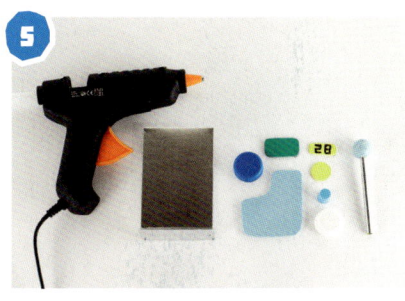

5 Zum Schluss steckst du die beiden Plastikdeckel ineinander und klebst sie zusammen mit allen anderen Kleinteilen auf die Walkie-Talkies auf. Spürnase geschärft, Funk an und los geht's!

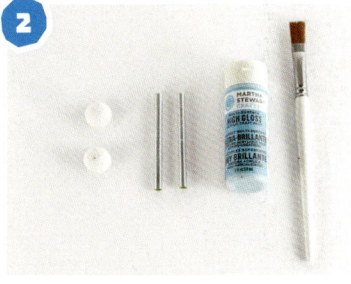

FRÖHLICHE VIECHER

PITSCH PATSCH PINGUINE

MATERIAL

- 4 leere Joghurt-Trinkflaschen, ca. 15 cm hoch
- 3 Wattekugeln, ø 3,5 cm
- Wattekugel, ø 4,5 cm
- Acrylfarbe in Schwarz
- Filz in verschiedenen Farben, je 20 cm x 30 cm
- Filz in Schwarz, 20 cm x 30 cm
- 8 Wackelaugen, ø 1 cm
- Tonpapier in Gelb
- Schaschlikspieß
- UHU Alleskleber

VORLAGEN SEITE 123

1 Stecke die Wattekugeln auf einen Schaschlikspieß und male sie mit Acrylfarbe schwarz an. Der erwachsene Pinguin bekommt die größere Wattekugel (ø 4,5 cm). Lass die Farbe trocknen.

3 Schneide Füße und Schnäbel aus gelbem oder orangefarbenem Tonpapier nach Vorlage aus.

4 Klebe die Wattekugeln, die Wackelaugen, die Füße und die Schnäbel mit Alleskleber auf.

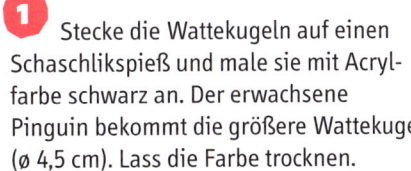

2 Jetzt schneidest du aus schwarzem Filz den Frack aus. Aus buntem Filz schneidest du ca. 1 cm x 25 cm lange Streifen für die Schals aus. Nimm immer zwei verschiedene Farben pro Pinguin.

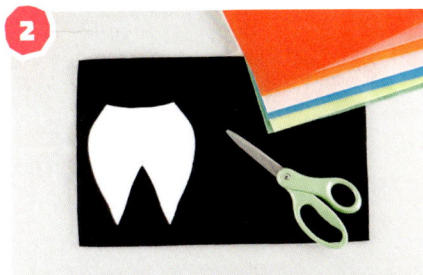

5 Jetzt klebst du den Frack mit Alleskleber um den Flaschenhals und verknotest dann die beiden Schals darüber.

LUDWiG DER LÖWE

MATERIAL

- Klopapierrolle
- Alufolienrest
- Wolle in Orange
- Kopierpapierrest
- 4 alte Stifthüllen (am besten in Orange)
- Obstnetz in Orange
- dünner Filzstift in Schwarz
- Acrylfarbe in Orange und Hellorange
- Pinsel
- Klebestift
- Heißkleber
- Bürohefter
- Schere

2 Dann malst du die Klorolle mit orangefarbener Acrylfarbe an. Wenn die Farbe getrocknet ist, tupfst du mit einem Pinsel noch Flecken in Hellorange auf.

3 Drücke die Klorolle an einem Ende zusammen und verschließe sie mit einem Hefter. Hier kommt später der Löwenkopf hin.

4 Schneide ein Obstnetz auf. Klebe es dann mit Heißkleber rund um den Löwenkopf fest, sodass eine schöne Mähne entsteht.

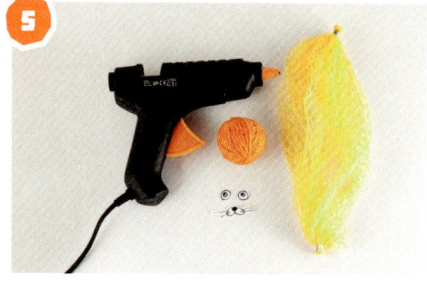

5 Zeichne mit einem dünnen Filzstift Augen und Mund auf ein Stück Kopierpapier und schneide alles aus. Klebe Augen und Mund mit dem Klebestift an.

6 Nun bekommt dein Löwe Beine. Dafür klebst du die vier Stifthüllen gleichmäßig seitlich an die Klorolle an. Achte dabei auf Standfestigkeit, damit der Löwe später nicht umkippt.

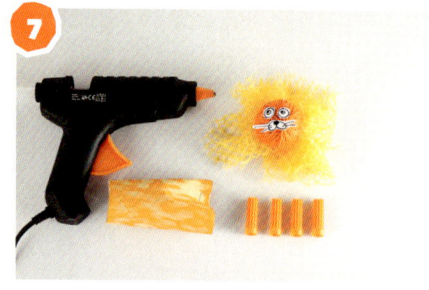

7 Zuletzt klebst du den Löwenkopf mit Heißkleber an die geheftete Stelle und fertig ist dein Löwe.

1 Zuerst formst du aus Alufolie einen Ball (ø ca. 5 cm). Umwickle ihn solange mit orangefarbener Wolle, bis eine schöne Wollkugel entstanden ist. Den letzten Fadenrest klebst du mit Heißkleber fest.

TiPP

Für einen Löwenkäfig beklebst du eine alte Schachtel mit Duct Tape, schneidest vorne ein Viereck hinein und umwickelst den Käfig gleichmäßig mit Wolle. Die Fadenenden rückseitig mit Klebestift festkleben, seitlich eine Tür in den Käfig hineinschneiden, fertig!

METZGEREI GRUNZ

FAMILIE WUTZ

MATERIAL

- 3 Klopapierrollen
- Schuhkartondeckel
- Chenilledraht in Rosa, je 13 cm lang
- Kronkorken
- Filzrest in Rosa
- 2 Wattekugeln, ø 2 cm
- Permanentmarker in Weiß und Schwarz
- Acrylfarbe in Hellrosa und Pink
- Pinsel
- Schere
- Heißkleber
- UHU Alleskleber

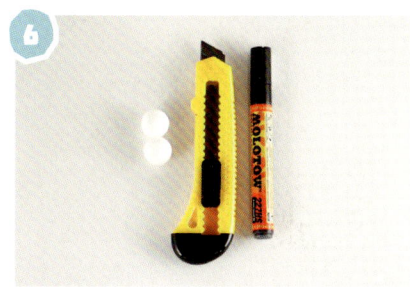

Schneide von den Wattekugeln jeweils ein Drittel ab und male mit Permanentmarker Augen auf.

❧ VORLAGEN SEITE 120 ❧

1 Zuerst schneidest du aus einem alten Schuhkartondeckel vier Beine und den Kopf nach Vorlage aus.

2 Aus Filzresten schneidest du ebenfalls nach Vorlage zwei rosa Öhrchen aus.

3

Klebe mit Heißkleber die Köpfe auf eine Klorollen-Öffnung. Dann klebst du rechts und links an den Seiten je zwei Beine an.

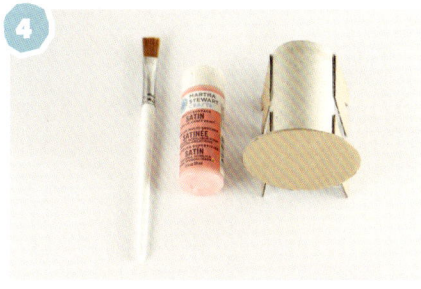

4

Streiche den Grundkörper des Schweinchens nun mit schweinchen-rosafarbener Acrylfarbe an. Den Kronkorken malst du innen schön pink an.

5

Wickle ein 13 cm langes Stück Chenilledraht um einen Bleistift, ziehe die so entstandene Spirale ab – und schon hast du ein Ringelschwänzchen.

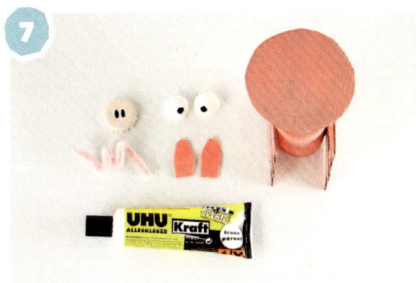

Zum Schluss klebst du Augen, Öhrchen, Schnauze und Ringelschwanz an Ort und Stelle fest und malst mit Permanentmarker einen Mund und rosa Bäckchen auf. Oink Oink!

OINK OINK!

KÜKEN KINDERGARTEN

PIEP!

PIEP!

MATERIAL

- 4 kleine Joghurtbecher in Rosa, Gelb, Hellorange und Pink
- 8 Wackelaugen, ø 1 cm
- Tonpapier in Pink
- ca. 12 Bastelfedern in Pink, Gelb, Rot, Orange und Weiß
- Prickelnadel
- UHU Bastelkleber

Stelle den Becher auf den Kopf. Stecke je zwei gleichfarbige Federn durch die Löcher an den Seiten. Eine Feder in einer anderen Farbe kommt in das Loch oben auf dem Kükenkopf. Du kannst die Federn innseitig mit etwas Bastelkleber rund um das Einstichloch festkleben.

TIPP

Auf die gleiche Weise kannst du dir auch Paradiesvögel basteln. Nimm einfach kunterbunte Federn.

Spüle die Joghurtbecher gründlich aus und lass sie trocknen. Dann stichst du mit einer Prickelnadel ein Loch in die Bodenmitte des Bechers. Stich auch noch je ein Loch links und rechts in die Seiten des Bechers.

Schneide einen Schnabel aus pinkfarbenem Tonpapier für jedes Küken nach Vorlage zurecht. Dann klebst du die Wackelaugen und den Schnabel auf.

AUF ZUR OSTERINSEL

⚬ VORLAGEN SEITE 121 ⚬

MATERIAL

- 6 Sektkorken
- Acrylfabe in Weiß
- Schaschlikspieß
- Tonpapierreste in verschiedenen Pastelltönen
- Wollreste in verschiedenen Farben
- Permanentmarker in Hellblau, Schwarz und Rosa
- Pinsel
- Klebestift
- Schere

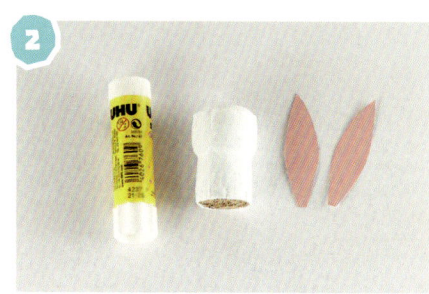

Jetzt schneidest du aus Tonpapier nach Vorlage die Hasenohren aus und klebst sie mit Klebestift auf die Rückseite des Korkens.

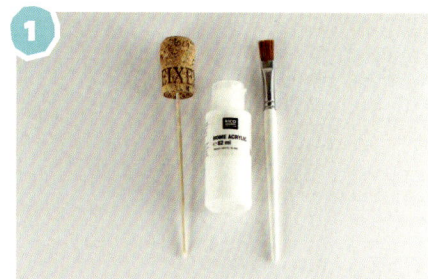

TIPP

Für das Hasenboot entfernst du den Deckel eines 6er-Eierkartons und stichst einen Schaschlikspieß durch eine der beiden Erhebungen. Dann klebst du kleine Filzdreiecke um ein ausreichend langes Stück Schnur und lässt es einmal vom Karton um den Schaschlikspieß zur anderen Seite des Eierkartons laufen. Festkleben, fertig!

Zuerst steckst du den Korken mit der Unterseite auf einen Schaschlikspieß. Dann malst du ihn mit weißer Acrylfarbe an und lässt die Farbe trocknen.

Für den Hasenbart schneidest du je drei ca. 10 cm lange Wollfäden zu. Lege sie übereinander und verknote sie in der Mitte. Jetzt kannst du den Bart auf die gewünschte Länge zurechtstutzen und aufkleben.

Mit Permanentmarkern malst du zum Schluss noch Hasengesichter auf.

KLAPPER SCHLANGE

MATERIAL

- Pappereste
- Acrylfarbe in Grün, Hellgrün, Hellblau, Blau, Pink, Rosa und Rot
- Wattekugel, ø 2,5 cm
- Fotokartonrest in Rot
- 2 Kronkorken
- 2 Katzenaugen in Grün, ø 1,4 cm
- 7 Rundkopfklammern
- Schere
- Pinsel
- Prickelnadel
- UHU Alleskleber

⚬ VORLAGEN SEITE 125 ⚬

1

Aus einem alten Pappkarton schneidest du zunächst einen Schlangenkopf, sechs ovale Stücke (ca. 4 cm x 7 cm) und einen Schwanz nach Vorlage aus.

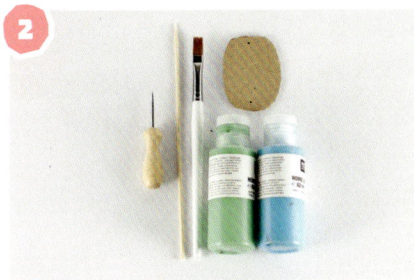

2

Male jedes Pappstück in einer anderen Farbe an. Stich mit der Prickelnadel jeweils oben und unten ein Loch in jedes Pappstück.

3

Male auch die Kronkorken und den Kopf der Schlange bunt an.

4

Schneide aus rotem Fotokarton eine Schlangenzunge aus. Dann klebst du zunächst die Kronkorken in das Schlangenmaul. Achte darauf, dass die glatte Seite dabei nach außen zeigt. Die beiden Kronkorken sollten sich berühren, wenn Kopfober- und -unterseite aufeinandertreffen.

5

Die Zunge klebst du auf das untere Maulstück direkt an den Kronkorken. Verbinde die Einzelteile nun mit Rundkopfklammern. Beginne mit dem Schwanz und ende mit dem Kopf. Hier steckst du die Rundkopfklammer in den hinteren Teil des Mauls und verbindest sie mit dem Rest des Schwanzes.

6

Für die Augen halbierst du die Wattekugel mit einer Schere. Stecke die Katzenaugen in die Wattekugelhälften und klebe die Augen auf den Schlangenkopf.

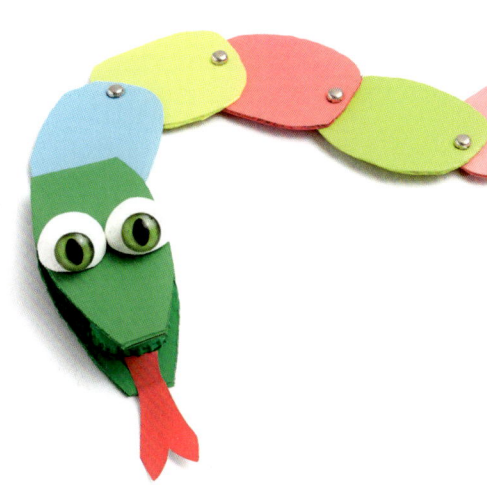

DIETER DER DACKEL

❧ VORLAGEN SEITE 126 ❧

MATERIAL

- leere, runde Plastikflasche, 0,5 l
- Stoffrest in Felloptik, 20 cm x 25 cm
- 4 Schraubverschlüsse, ø 2 cm
- Wattekugel, ø 2 cm
- Filzreste in Rot und Braun
- Papperest, 10 cm x 15 cm
- 2 Schaschlikspieße, 20 cm lang
- Webband, 25 cm lang
- 2 Schlüsselringe, ø 2,5 cm
- Vichyband, 0,5 cm breit, 1 m lang
- Permanentmarker in Schwarz
- Prickelnadel
- Schere
- Cutter mit Schneideunterlage
- UHU Alleskleber

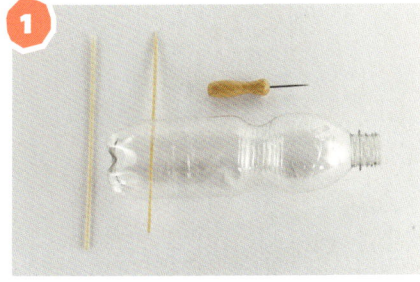

1 Lege die Flasche quer vor dich hin und stich mit einer Prickelnadel möglichst in gleichem Abstand zwei 2 Löcher in beide Seiten. Dort steckst du die Schaschlik-spieße hindurch. Die Löcher müssen so groß sein, dass sich die Spieße bewegen können. Der Dackel soll ja rollen können.

2 Kürze die Spieße auf eine Länge von ca. 10 cm. Dann schneidest du ein Stück Stoff in Felloptik zu, legst es um die Flasche und über die Spieße. Nur der Kopf der Flasche bleibt frei. Mit der Prickelnadel bohrst du Löcher in den Stoff, damit du die Spieße dort hindurchstecken kannst. Klebe den Fellstoff ringsherum an der Flasche mit Alleskleber fest.

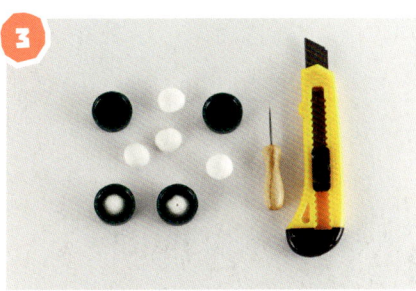

3 Schneide überstehende Stoffreste ab. Als Nächstes klebst du die Schraubverschlüs-se an die Enden der Schaschlikspieße.

4 Halbiere eine Wattekugel mit einem Cutter und male mit Permanentmarker Augen auf. Dann klebst du die Augen auf den oberen Teil der Flasche ohne Fell auf.

5 Schneide aus Pappe die Ohren nach Vor-lage aus und beklebe sie mit braunem Filz. Schneide aus dem braunen Filz auch eine Nase zu. Aus rotem Filz schneidest du eine Zunge aus. Dann klebst du alles an Ort und Stelle fest.

6 Ein Stück Webband wird das Dackelhals-band. Fädle es durch einen Schlüsselring, lege es dem Hund um den Hals und verklebe die überlappenden Enden.

7 Für die Leine schneidest du ein 1 m langes Stück Vichyband zurecht und legst das Ende als Schlaufe um einen Schlüs-selring. Verklebe die Schlaufe. Dann verhakst du die beiden Schlüsselringe miteinander und dein Dackel kann Gassi gehen.

KROKODIL KARL KARIES

☞ VORLAGEN SEITE 122 ☜

MATERIAL

- Pappschachtel, ca. 7 cm x 11 cm x 27 cm
- Pappschachtel, ca. 7 cm x 9 cm x 11 cm
- 4 Klopapierrollen
- 3 10er-Eierkartons
- Eierkartonplatte
- 2 Wattekugeln, ø 3 cm
- 2 Schraubverschlüsse in grün, ø 4 cm
- Filzrest in Rot, ca. 10 cm x 6 cm
- Acryllack oder Colorspray in Hellgrün
- Acrylfarbe in Weiß
- Permanentmarker in Schwarz
- Pinsel
- UHU Alleskleber
- Cutter mit Schneideunterlage
- Schere

Jetzt bekommt dein Krokodil Farbe. Du kannst es entweder mit Acrylfarbe anmalen oder es mit Colorspray besprühen. Lass die Farbe gut trocknen.

Für den Krokodilschwanz schneidest du einen Streifen von der Eierkartonplatte ab, malst ihn ebenfalls grün an und klebst ihn hinten an den Grundkörper.

6 Klebe die Wattekugeln in die Innenseiten der Schraubverschlüsse und male mit schwarzem Permanentmarker Augen auf. Aus rotem Filz schneidest du nach Vorlage eine Zunge zurecht.

1

Für die Krokodilzähne schneidest du acht bis zehn Spitzen aus dem Eierkarton aus.

2

Bemale sie mit weißer Acrylfarbe und lass die Farbe trocknen.

3

Für das Maul schneidest du den Deckel der kleineren Schachtel ab. Klebe nun den Krokodilgrundkörper zusammen: große Schachtel, kleine Schachtel mit Öffnung vorne, Eierkartonunterteil und vier Klorollen. Achte auf Standfestigkeit.

7

Klebe Augen, Zähne und Zunge mit Alleskleber an Ort und Stelle fest.

Zahnarztpraxis
DR. ANTON AUTSCH

Öffnungszeiten:

Mo bis Fr: 9.00 Uhr – 18 Uhr
Sa: 8.00 Uhr – 12 Uhr

Telefon:
09.../ 45 67 89

FAHREN & FLIEGEN

RENNFLITZER

1 Befreie die Waschmittelflasche von Aufklebern und spüle sie gründlich aus. Dann legst du sie quer vor dich hin.

2

Stich mit einer spitzen Schere seitlich zwei Löcher in die Flasche. Die Löcher sollten ca. 1 cm vom Flaschenboden entfernt sein. Das machst du auf der Rückseite genauso. Achte darauf, dass die Abstände zwischen den Löchern gleich sind.

3 Für die Achsen steckst du jeweils durch zwei sich gegenüberliegende Löcher einen Schaschlikspieß. Die Spieße sollten sich gut drehen lassen. Eventuell musst du sie etwas kürzen.

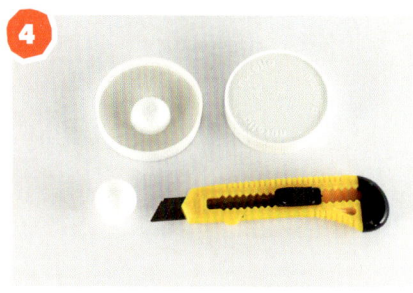

4

Halbiere die Styropor®kugeln mit einem Cutter und klebe sie mittig in die Innenseite der vier Schraubdeckel.

5 Stecke die Enden der Schaschlikspieße auf die Styropor®kugel-hälften und klebst sie dort fest. Schon hat dein Wagen Räder.

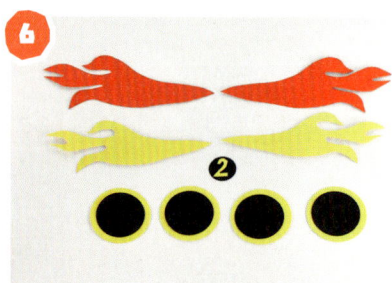

6

Jetzt wird verschönert. Schneide nach Vorlage aus Fotokarton Feuerstreifen, Räder-Deko und eine Nummer zurecht. Klebe alles an Ort und Stelle fest und das Rennen kann beginnen!

MATERIAL

- Waschmittelflasche in Schwarz, 1,5 l
- Fotokarton in Rot, Gelb und Schwarz, DIN A4
- 2 Schaschlikspieße, je 20 cm lang
- 2 Styropor®kugeln, ø 3 cm
- 4 Schraubdeckel in Weiß, ø 8 cm
- spitze Schere
- Cutter mit Schneideunterlage
- UHU Alleskleber

☙ VORLAGEN SEITE 123 ☙

RAKETENSTART

MATERIAL

- Dokumentenrolle aus Pappe, ø 8 cm, 40 cm lang
- Acryllack in Hellblau
- Fotokarton in Gelb und Rot, DIN A4
- Pinsel
- Bürohefter
- Cutter mit Schneideunterlage
- UHU Alleskleber

☆ VORLAGEN SEITE 126 ☆

2

Streiche die Rolle mit hellblauer Acrylfarbe an und lass die Farbe gut trocknen, am besten über Nacht. Eventuell braucht die Rolle einen zweiten Anstrich.

4

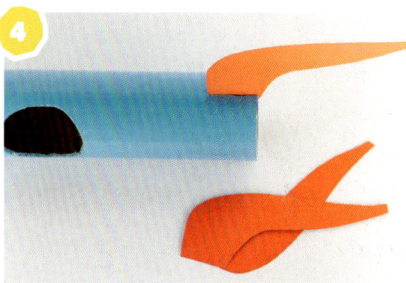

Schneide in das das andere Ende der Rolle mit dem Cutter drei ca. 5 cm lange Schlitze. Schneide nach Vorlage drei Raketenantriebsstreifen aus rotem Fotokarton zu. Stecke sie in die Schlitze und klebe sie fest.

1

Zuerst zeichnest du auf die Rollenmitte eine ca. 8 cm x 6 cm große, ovale Öffnung auf. Schneide sie vorsichtig mit einem Cutter oder einer spitzen Schere aus.

3

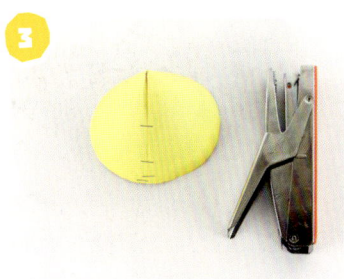

Aus gelbem Tonpapier schneidest du nach Vorlage die Raketenspitze zu. Rolle den Halbkreis zu einer Spitze und hefte das Papier an der Verbindungsstelle zusammen. Klebe die Raketenspitze an ein Ende der Rolle.

TIPP ★★★★★★★★★

Für den Kuscheltier-Astronautenhelm brauchst du eine aufklappbare, hohle Styropor®kugel, Cutter, Klebestift und Alufolie. Schneide eine Öffnung für den Hals und ein Sichtfenster mit dem Cutter aus der Kugel heraus. Beklebe den Helm mit Alufolie und ab geht's in den Weltraum!

★★★★★★★★★★★★★★

WASCHTAG

❧ VORLAGEN SEITE 122 ❧

MATERIAL

- Pappkarton, 25 cm x 20 cm x 20 cm
- 2 Klopapierrollen
- Küchenpapierrolle
- 2 alte Kochlöffel aus Holz
- Mikrofasertuch
- Haushaltstuch

- Wischtuch
- Wischmopp mit Noppen
- Acrylfarbe in Hellblau und Gelb
- Pinsel
- Cutter mit Schneideunterlage
- Schere
- Heißkleber

6

Schneide die Haushaltstücher in sieben 5 cm x 20 cm lange Streifen. Schneide sie an der kurzen Seite ein und klebe sie um ein ca. 14 cm langes Stück leere Küchenrolle. Fächere die Streifen auf. Wenn du die Rolle voll hast, kannst du einen Kochlöffel hindurchstecken und ihn ebenfalls in die Waschanlage hängen.

1

Zuerst schneidest du mit dem Cutter den Boden des Kartons heraus. Für die Ein- und Ausfahrt der Waschanlage schneidest du aus einer Kartonseite ein 14 cm x 14 cm großes Quadrat heraus.

3 Stelle den Karton so vor dich hin, dass die rechteckige Öffnung nach oben zeigt. Schneide dann jeweils oben aus den beiden langen Seiten des Kartons zwei ca. 1 cm breite und 1,5 cm tiefe Öffnungen aus. Der Abstand zwischen zwei Öffnungen auf einer Seite sollte ca. 9 cm sein. Hier kommen später die Kochlöffel hinein.

4 Jetzt kannst du die Waschanlage und das Schild mit Acrylfarbe anmalen. Lass alles gut trocknen. Beschrifte das Schild nach Lust und Laune und klebe es mit Heißkleber vorne über die Einfahrt.

7

Aus Mikrofasertuch schneidest du ein 15 cm x 18 cm langes Stück zu. Schneide in das Tuch Streifen bis 2 cm vor dem Rand hinein und klebe es dann innseitig an der Ausfahrt der Waschanlage fest.

2

Schneide aus der Oberseite des Kartons ein ca. 13 cm x 20 cm großes Rechteck aus. Aus der herausgeschnittenen Pappe kannst du das Schild nach Vorlage ausschneiden.

5

Dann schneidest du ein 40 cm x 15 cm langes Stück Wischtuch zu, faltest es einmal in der Mitte und schneidest dann bis ca. 2 cm vor die Mittellinie Streifen hinein. Lege das Ganze auf einen Kochlöffel und lege den Löffel in die ausgeschnittenen Öffnungen.

8

Mit Heißkleber umklebst du jetzt zwei Klorollen mit einem Wischmopp. Schneide überstehende Reste ab und klebe die Rollen dann innenseitig rechts und links in die Einfahrt der Waschanlage.

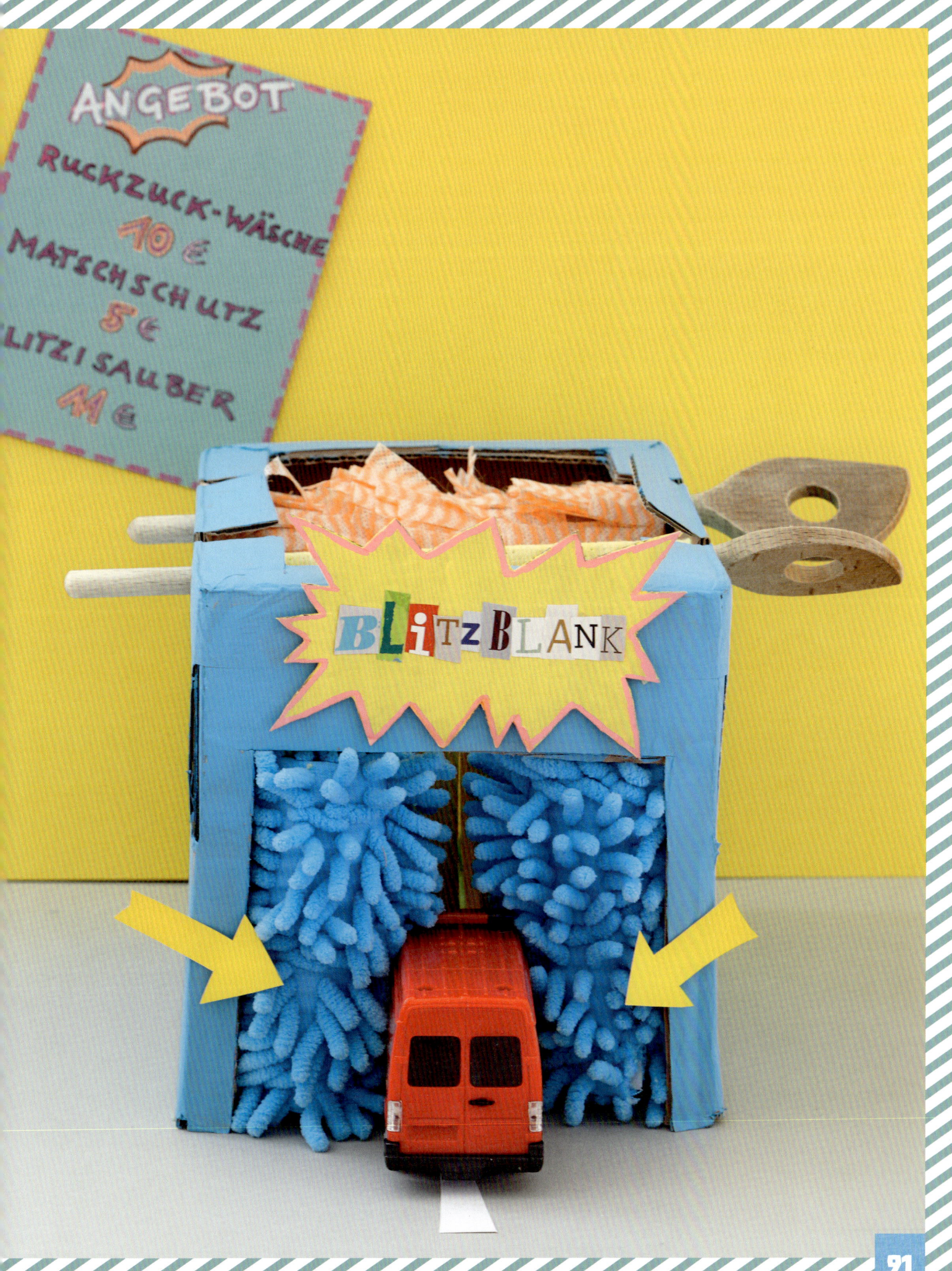

ANGEBOT

RUCKZUCK-WÄSCHE
10 €

MATSCHSCHUTZ
5 €

BLITZ SAUBER
11 €

BLITZBLANK

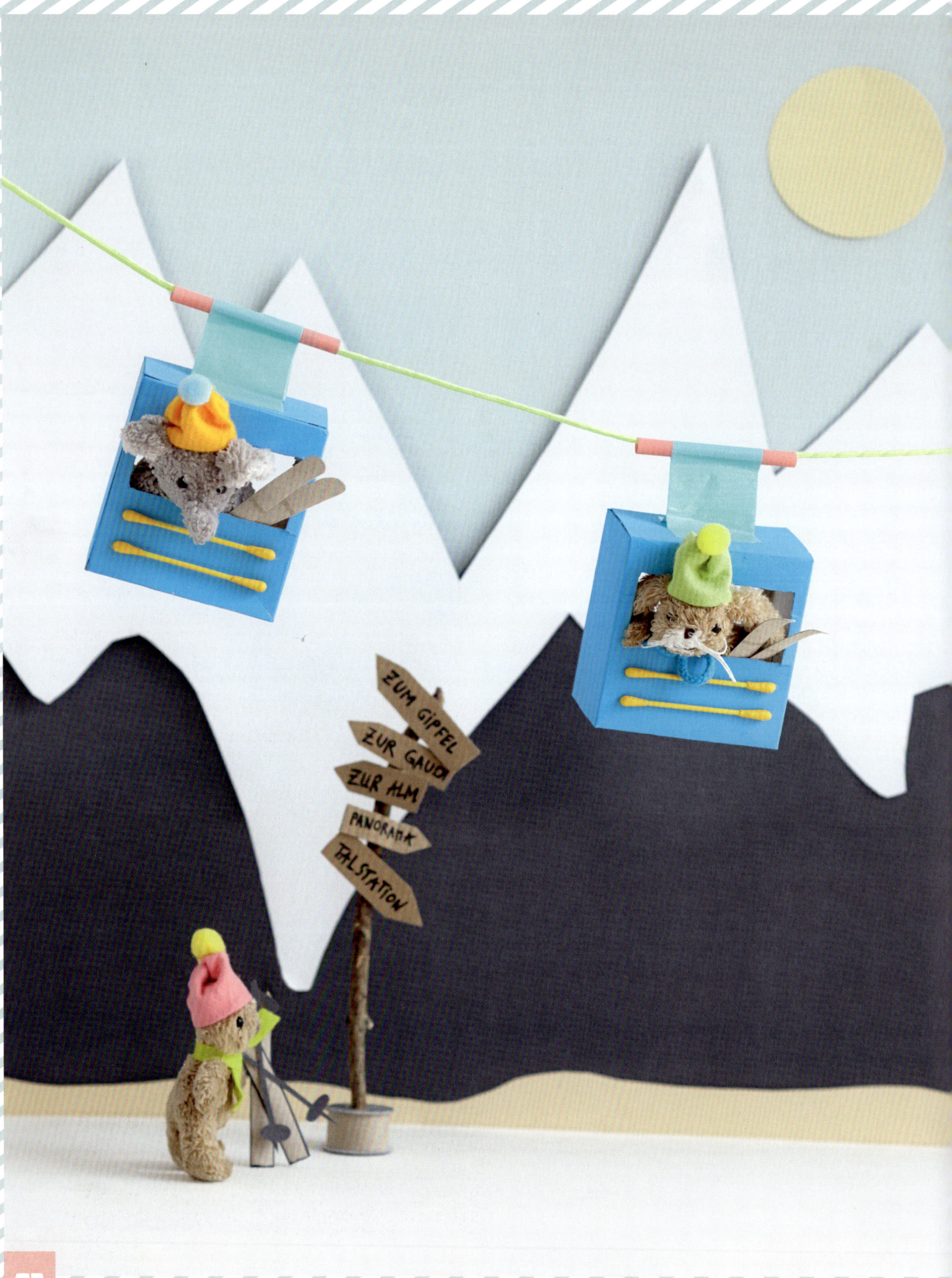
ZUM GIPFEL
ZUR GAUDI
ZUR ALM
PANORAMA
TALSTATION

SEILBAHN

- Teeschachteln, ca. 10 cm x10 cm x 6 cm
- Acrylfarbe in Hellblau und Gelb
- Duct Tape in Türkis
- Strohhalm in Rosa
- 4 Ohrenstäbchen
- Pinsel
- spitze Schere
- UHU Alleskleber Kraft

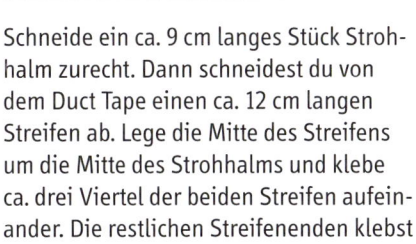

Schneide ein ca. 9 cm langes Stück Strohhalm zurecht. Dann schneidest du von dem Duct Tape einen ca. 12 cm langen Streifen ab. Lege die Mitte des Streifens um die Mitte des Strohhalms und klebe ca. drei Viertel der beiden Streifen aufeinander. Die restlichen Streifenenden klebst du auf dem Dach der Seilbahn fest.

1

Zuerst zeichnest du je ein ca. 4 cm x 8 cm großes Rechteck auf eine Seite des Teekartons. Dann schneidest du dieses Fenster mit einer spitzen Schere aus.

3

Die gelben Ohrenstäbchen klebst du in gleichmäßigem Abstand unter das Fenster der Seilbahn.

5 Jetzt brauchst du nur noch eine Schnur durch den Strohhalm zu fädeln, die Enden des Strohhalms irgendwo festzubinden und schon kann die Fahrt beginnen.

2

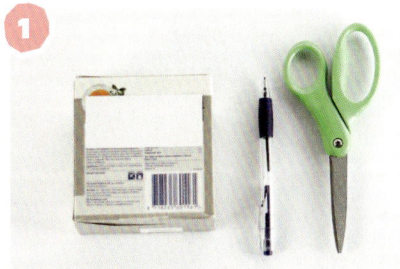

Jetzt pinselst du die Seilbahn mit hellblauer Acrylfarbe an. Die Ohrenstäbchen malst du in Gelb an. Lass alles gut trocknen. Eventuell braucht deine Seilbahn noch einen zweiten Anstrich.

HUUUiiiiiiil

DÜSENJETS
IM ANFLUG

MATERIAL

- Klopapierrolle
- je 2 Schraubverschlüsse in Rot oder Blau
- je 2 Tubendeckel in Rot oder Gelb
- Obstnetze in Gelb und Rot
- Pappe, 30 cm x 30 cm
- Acrylfarbe in Rot und Blau
- Pinsel
- Bleistift
- UHU Alleskleber

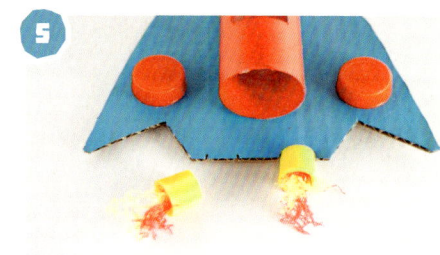

Schneide mit einer Schere je zwei Schlitze für die Tubendeckel in die hintere Seite des Düsen-Jets und schiebe die Deckel dann in die Öffnungen.

♧ VORLAGEN SEITE 126 ♧

Zunächst überträgst du die Flieger-Vorlage auf ein Stück alten Pappkarton und schneidest sie dann aus.

Jetzt malst du Klorolle und Grundkörper mit Acrylfarbe an und lässt die Farbe trocknen. Dann klebst du die Klorolle mittig auf den Grundkörper und die flachen Deckel auf die Tragflächen.

Aus zwei Obstnetzen schneidest du ca. 7 cm x 5 cm lange Streifen zurecht und verknotest je einen gelben mit einem roten Streifen. Klebe den Knoten in die Tubendeckel.

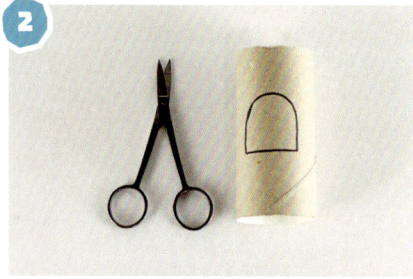

Schneide aus der Mitte der Klorolle ein halbrundes Fenster aus. Zeichne es dir zuerst auf, stich dann mit einer spitzen Schere ein Loch hinein und schneide die Form aus.

PIZZA >>>>> PARKHAUS

3

Aus dem Rest des Deckels kannst du Warnschilder ausschneiden und mit Filzstiften bemalen.

4

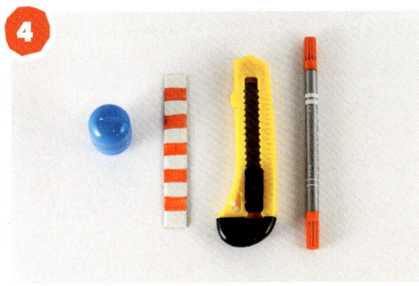

Für die Schranke schneidest du in die Außenseite einer Plastik-Ei-Hälfte mit dem Cutter einen Schlitz. Ein 2,5 cm x 10 cm langer Streifen Pappe wird die Schranke. Bemale sie mit rotem Filzstift und stecke sie in den Schlitz.

5

Schneide ebenfalls aus Resten des Schachteldeckels ca. 0,3 cm x 6 cm große Streifen als Markierung für die Parkbuchten zu und klebe sie mit Klebestift auf.

6

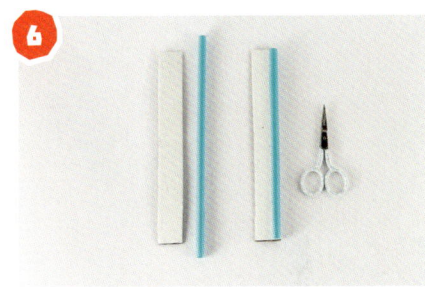

Schneide zwei Strohhalme der Länge nach auf und stecke sie auf einen 2,5 cm x 20 cm langen Papprest-Streifen. Dann klebst du sie rechts und links als Begrenzung an die Auffahrt.

7

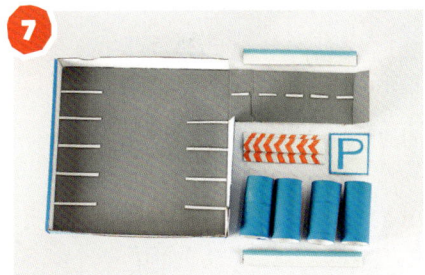

Zum Schluss klebst du die Klorollen und die Hinweisschilder mit Alleskleber an Ort und Stelle fest und deine Autos können auch schon einziehen.

1

Zuerst klappst du die Schachtel auseinander, zeichnest ein 10 cm x 20 cm großes Rechteck in den Deckelrand und schneidest dann den Deckel bis auf das Rechteck weg.

2 Bemale die Klorollen und das Parkhaus außen mit hellblauer Acrylfarbe. Das Innere der Schachtel und die Auffahrt streichst du grau an.

TATÜ-TATAA
KRANKENWAGEN

MATERIAL

- Waschmittelflasche mit Schraubverschluss in Weiß, 3 l
- 5 Schraubverschlüsse von Waschmittelflaschen in Blau
- 4 Styropor®kugeln, ø 3 cm
- 2 Holzstäbe, ø 0,6 cm, 20 cm
- Bastelfilz in Rot, 20 cm x 30 cm
- Schnur oder Kordel, 1 m lang
- spitze Schere
- Cutter mit Schneideunterlage
- Heißkleber

VORLAGEN SEITE 121

1

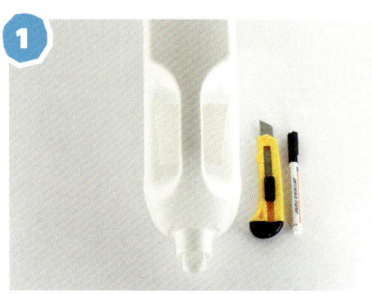

Säubere die Flasche und befreie sie von Aufklebern. Dann schneidest du mit einem Cutter ein ca. 8 cm x 8 cm großes Quadrat unterhalb des Griffes in die Flasche. Am besten zeichnest du es dir vorher auf.

2

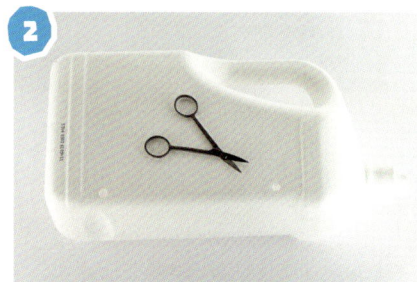

Stich mit einer spitzen Schere vier Löcher in die Flasche, zwei auf jeder Seite mit ca. 1,5 cm Abstand zum Boden des Krankenwagens. Sie sollten auf beiden Seiten den gleichen Abstand zueinander haben.

3 Stecke die Holzstäbe als Achsen durch die Löcher.

4

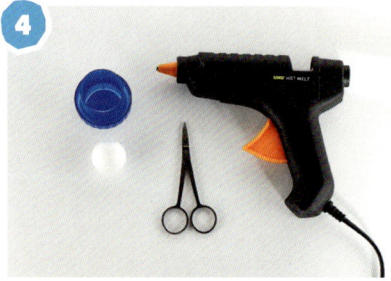

Klebe die Styropor®kugeln mit Heißkleber in die Schraubverschlüsse. Bohre mit einer spitzen Schere ein Loch in die Kugelmitte und stecke die Holzstäbe mit etwas Heißkleber an der Spitze dort hinein. Fertig sind deine Räder!

5 Für das Blaulicht klebst du mit Heißkleber einen Schraubverschluss auf die Oberseite des Krankenwagens.

6

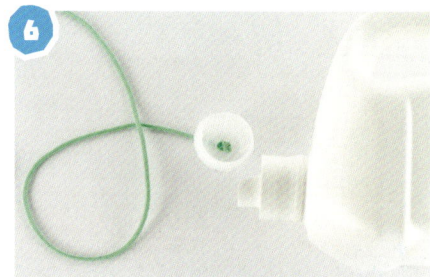

Mit einer spitzen Schere stichst du ein Loch in den Schraubverschluss vorne. Schraube ihn danach ab, fädle eine Schnur hindurch und verknote sie innen. Dann schraubst du den Verschluss wieder auf und die Ziehleine ist fertig.

7

Zum Schluss schneidest du nach Vorlage zwei rote Kreuze aus Filz aus, klebst sie seitlich an deinen Krankenwagen und dann nichts wie los zum ersten Einsatz!

BESUCH AUS DEM ALL

MATERIAL

- 8-eckige Schachtel (z.B. von Pralinen), ø ca. 25 cm
- Schraubverschluss in Gelb, ø 2 cm
- 2 Schraubverschlüsse in Gelb, ø 4 cm
- 8 Schraubverschlüsse in Türkis, ø 3 cm
- durchsichtige Dose, ø 12 cm
- 4 Druckverschlüsse von Spülmittelflaschen
- Chenilledraht in Hellgrün
- 8 Styropor®kugeln, ø 1,5 cm
- 8 Wackelaugen, ø 1 cm
- Acrylfarbe in Hellgelb und Türkis
- Pinsel
- Prickelnadel
- UHU Alleskleber

3 Für die Aliens säuberst du die Druckverschlüsse der Spülmittelflaschen gründlich und streichst sie dann mit Acrylfarbe oder -lack an. Lass die Farbe trocknen.

4 In der Zwischenzeit kannst du ca. 10 cm–18 cm lange Stücke Chenilledraht zuschneiden und so zurechtbiegen, dass die Enden jeweils unterschiedlich lang sind.

5

Klebe auf jede Styropor®kugel ein Wackelauge auf. Dann stichst du mit einer Prickelnadel ein Loch in jede Styropor®kugel und steckst sie dann auf die Chenilledraht-Enden.

1

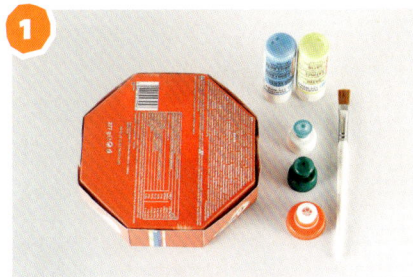

Bemale die Schachtel mit Acrylfarbe und lass die Farbe gut trocknen. Wahrscheinlich musst du noch ein zweites Mal darüber streichen. Schneide eine Türöffnung in die durchsichtige Dose.

2

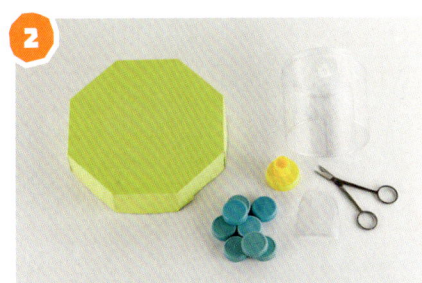

Jetzt klebst du die acht Schraubverschlüsse mit Alleskleber an den Seiten der Schachtel fest. Die durchsichtige Dose klebst du mittig auf die Schachtel und die gelben Schraubdeckel darauf.

6 Jetzt klebst du die Drähte an der Knickstelle in die Öffnung der Verschlüsse.

STECKENPFERD

❧ VORLAGEN SEITE 124 ❧

MATERIAL

- leere Plastikflasche, 1,5 l
- Webband, 1,5 m lang
- Wolle in Hellblau
- Tonpapier in Braun, Hellblau, Rosa und Weiß, je 15 cm x 15 cm
- Fellrest aus Stoff, ca. 15 cm x 15 cm
- 2 Wattekugeln, ø 3 cm
- Acrylfarbe in Schwarz
- Pinsel
- 2 Schaschlikspieße
- Schere
- ½ Besenstil, ca. 70 cm lang
- Duct Tape
- Cutter mit Schneideunterlage
- Heißkleber

1 Knicke ca. zwei Drittel der Plastikflasche um. Falte ein 50 cm langes Stück Webband in der Mitte und klebe es auf die Mitte des unteren Flaschenteils auf und verknote das Band am Flaschenhals. Fertig ist die Kopfform.

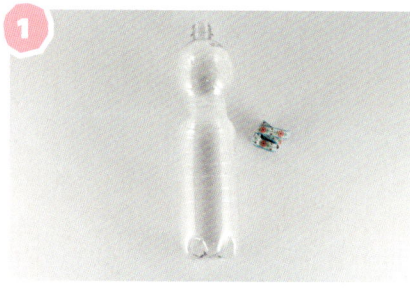

2 Schneide mit dem Cutter jeweils ein Drittel der Wattekugeln ab, stecke sie auf Schaschlikspieße und bemale sie mit schwarzer Acrylfarbe.

3 Schneide je zwei Kreise (ø 4 cm) aus weißem und braunem Tonpapier und einen Mund aus rosafarbenem Tonpapier aus. Klebe alle Teile auf den Pferdekopf.

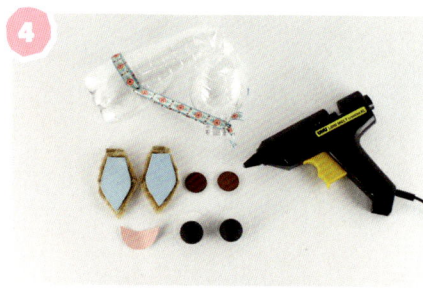

4 Schneide aus braunem Tonpapier und Fellstoff Ohren nach Vorlage aus und klebe sie mit Heißkleber rechts und links oben an den Kopf.

5 Schneide aus einem alten Pappkarton ein ca. 16 cm x 10 cm langes Stück zurecht und umwickle die lange Seite ca. 30-mal mit der hellblauen Wolle. Ziehe die Wolle von der Pappe herunter und verknote das Knäuel in der Mitte mit einem 20 cm langen Extrafaden. Schneide die Schlaufen auf.

6 Das Ganze wiederholst du 3-mal, dann hast du ausreichend Mähne für dein Pferd und kannst sie mit Heißkleber aufkleben.

7 Jetzt klebst du rechts und links noch ein 1 m langes Stück Webband als Zügel am schon vorhandenen Webband fest, steckst den Kopf auf einen Besenstil und umwickelst das Ganze mit Duct Tape.

FESCHE FEEN

MATERIAL

- große, aufklappbare Plastikeier
- Tonpapier gemustert, DIN A5
- Acryllack in Weiß
- Acrylfarbe in Weiß, Hautfarbe und Pastelltönen
- Pinsel
- Permanentmarker in Hellblau, Pink und Rot
- UHU Alleskleber
- Schere

⚘ VORLAGEN SEITE 123 ⚘

♦ TIPP ♦

Du kannst die Feen als Zahnfeen für deine ausgefallenen Milchzähne nutzen, oder sie mit kleinen Überraschungen wie z.B. Süßigkeiten, Radiergummis oder kleinen Botschaften füllen und dann verschenken.

1

Streiche die Eier zuerst mit weißem Acryllack vor. Mit diesem Voranstrich leuchtet die bunte Farbe später besser. Lass alles gut trocknen.

2

Jetzt bemalst du die Eier mit Acrylfarbe. Die obere Hälfte malst du hautfarben, die Haare nach Wunsch und die untere Hälfte in Pastelltönen an. Wenn du Lust hast, kannst du mit einem Schaschlikspieß noch Verzierungen auftupfen.

3 Zeichne den kleinen Feen mit Permanentmarkern freundliche Gesichter auf.

4

Schneide eine Vorlage für die Flügel zurecht, übertrage sie auf dein Tonpapier und schneide sie aus.

5 Klebe die Flügel mit Alleskleber hinten an deine Figur und deine feschen Feen können losflattern.

ENTZÜCKENDE EINHÖRNER

MATERIAL

- 3 Klorollen
- 3 Styropor®kugeln, ø 0,7 cm
- Wolle in Pastelltönen
- Acrylfarbe in Hellrosa, Hellgelb, Hellgrün und Hellblau
- Bleistift
- Permanentmarker in Hellblau und Rosa
- Pinsel
- Schere
- Cutter mit Schneideunterlage
- UHU Alleskleber
- Klebestift

VORLAGEN SEITE 125

5 Schneide die Styropor®kugeln mit einem Cutter jeweils in der Mitte durch und male mit hellblauem Permanentmarker Augen auf.

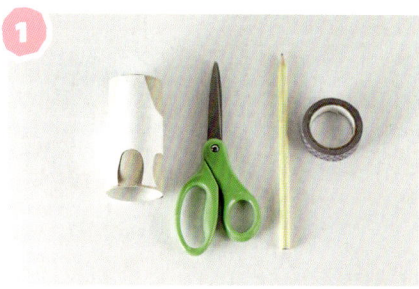

1 Zuerst fertigst du eine Einhorn-Vorlage an und legst sie auf eine leere Klorolle. Zeichne mit Bleistift die Konturen nach.

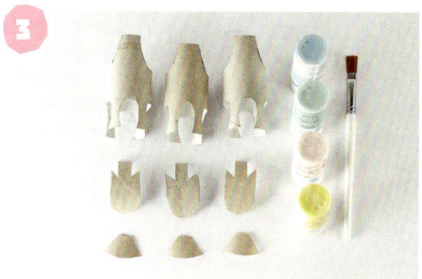

3 Dann wird gepinselt. Bemale Einhorn-Grundkörper und Kopf in einer Farbe deiner Wahl. Das Horn bekommt eine andere Farbe.

6 Klebe alle Teile (Augen, Mähne, Horn) auf den Kopf und male mit Permanentmarker den Rest des Gesichtes auf.

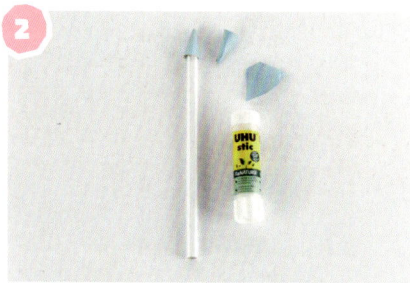

2 Schneide den Einhorn-Grundkörper aus der Klorolle aus. Kopf und Horn schneidest du der Vorlage nach aus dem Reststück Klorolle zu. Das Horn rollst du zu einer Spitze und klebst es an der Kante zu.

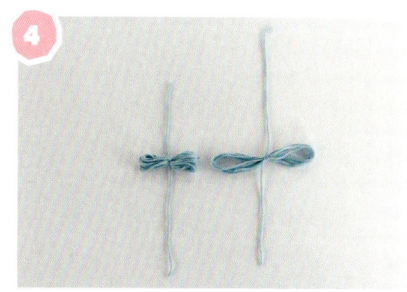

4 Wickle Wolle zu zwei Knäueln (ø ca. 3 cm und 10 cm). Knote um beide Bündel einen Extrafaden und schneide dann die Schlaufen auf. Schon hast du Mähne und Schweif.

7 Knicke den Kopf an der Faltlinie und klebe ihn innen an die Einhorn-Vorderseite. Für den Schweif schneidest du ein kleines Dreieck in die Rückseite und steckst ihn dort hinein.

KOKESHIS

MATERIAL

- 3 Deoroller mit runder Deckelkappe, ø 3 cm
- 5 Holzkugeln ø 2 cm
- Satinband, je 25 cm
- verschiedene bunte Servietten
- Acryllack in Weiß, Schwarz und Rosa
- Permanentmarker in Pink, Schwarz und Rot
- Schere
- Pinsel
- UHU Kontakt Kraftkleber

1

Zuerst entfernst du die Aufkleber von den Deorollern. Dann streichst du die Roller mit weißem Acryllack an und lässt die Farbe trocknen.

2

Schraube die Deckelkappen ab und gestalte mit Holzkugeln Frisuren. Du kannst entweder zwei Kugeln rechts und links aufkleben oder eine mittig auf die Oberseite des Deckels.

3

Die Deckel bekommen jetzt einen Anstrich mit schwarzem Acryllack. Lass den Lack gut trocknen und schraube die Deckel dann wieder auf die Deoroller.

4

Male nun mit rosafarbener Acrylfarbe die Gesichter auf. Wenn die Farbe trocken ist, kannst du mit Permanentmarkern Auge, Mund und Wangen aufzeichnen.

5

Für die Kleider schneidest du aus bunten Servietten passende Streifen zurecht (am besten vorher abmessen). Ein dünnerer Streifen in der Mitte sorgt für einen zusätzlichen Farbtupfer.

6 Klebe die großen und kleinen Streifen fest und binde ein ca. 25 cm langes Satinband als Gürtel um die Puppe.

MEER JUNGFRAUEN

2 Auf das kurze Papprollenstück zeichnest du einen ca. 8 cm großen Halbkreis auf. Schneide ihn aus und hefte ihn an das zusammengeheftete Papprollen-Ende.

3 Male die Meerjungfrau nun in zwei verschiedenen Farben an.

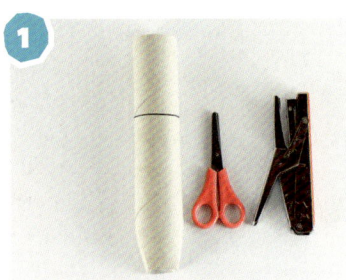

1 Schneide von der Küchenrolle ca. ein Drittel ab. Drücke ein Ende des längeren Papprollenstücks platt und hefte diese Seite zusammen.

4 Schneide aus einem alten Pappkarton ein ca. 15 cm x 20 cm langes Stück zurecht und umwickle es mit Wolle.

5 Ziehe die Wolle dann vorsichtig von der Pappe ab und verknote die Mitte mit einem Extra-Wollfaden (ca. 20 cm lang). Jetzt schneidest du die Seiten auf und klebst das Wollbüschel als Haare rechts und links an der Rolle fest.

6 Verziere deine Meerjungfrau nach Lust und Laune und male ihr ein nettes Gesicht auf.

7 Zum Schluss kannst du ihr noch ein Bikinioberteil, einen Gürtel aus Bänderresten und Haarschmuck aufkleben.

KUSCHELMIEZEN

⚜ VORLAGEN SEITE 122 ⚜

1

Schneide ein 14 cm x 14 cm großes Quadrat aus dem Altkleiderstück. Wichtig ist, dass dein Stoff doppelt liegt.

2

Aus doppelt liegenden Stoffresten schneidest du nach Vorlage je zwei Ohren, also insgesamt vier Ohren zurecht.

3

Jetzt nähst du zwei Knöpfe als Augen auf eines der Stoffquadrate. Aus einem Filzrest schneidest du die Nase aus und klebst sie mit Stoffkleber auf die Katze.

4

Die Ohren klebst du mit Stoffkleber aufeinander, sodass jeweils zwei Dreiecke entstehen.

5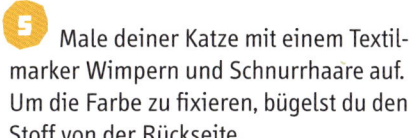

Male deiner Katze mit einem Textilmarker Wimpern und Schnurrhaare auf. Um die Farbe zu fixieren, bügelst du den Stoff von der Rückseite.

6

Lege die Ohren wie auf dem Schrittbild zu sehen auf die Katzen-Vorderseite. Dann legst du das zweite Stoffquadrat darüber. Stecke alles mit Stecknadeln fest.

7 Nähe mit Nadel und Faden einmal rings um den Rand. Nur an der Unterseite lässt du eine Öffnung von ca. 5 cm. Ziehe die Katze durch die Öffnung wieder auf rechts.

8

Durch die Öffnung kannst du nun Dinkelkörner oder Kirschkerne in deine Katze füllen.

9

Nähe die Öffnung mit ein paar Stichen zu. Lege deine Katze für 20 Sekunden in die Mikrowelle und du kannst mit dem warmen Kätzchen loskuscheln.

FUTTEREULEN

MATERIAL

- 2 Getränkekartons, 1 l
- Acryllack in Hellblau und Hellrosa
- 4 Schraubverschlüsse, ø 4 cm
- 2 Wattekugeln, ø 3 cm
- Duct Tape
- Holzstäbchen
- Permanentmarker in Hellblau und Schwarz
- Cutter
- Schere
- UHU Alleskleber

⌁ VORLAGEN SEITE 124 ⌁

TIPP

Fülle die Eule mit Sonnenblumen-
kernen oder anderen Leckereien
für Vögel und hänge sie mit
einem stabilen Seil in einen
Baum. Dafür stichst du ca. 1 cm
unterhalb der Deckelkante in
den Karton und fädelst das Seil
dort hindurch.

1

Schneide mit einem Cutter eine Öffnung
nach Vorlage in die Vorderseite des Kartons. Dann schneidest du seitlich die Flügel heraus und zwar so, dass der obere
Teil des Flügels noch mit dem Getränkekarton verbunden bleibt.

2

Male den Karton mit Acryllack an und lass
ihn am besten über Nacht gut trocknen.
Eventuell braucht er einen zweiten
Anstrich.

3

Schneide aus dem ausgeschnite-
nen Reststück des Getränkekartons
einen Schnabel zu und beklebe ihn mit
Duct Tape. Überstehende Reste schneidest du ab.

4

Halbiere die Wattekugel mit einem
Cutter und zeichne mit Permanentmarkern Augen auf. Dann klebst du sie
mit Alleskleber in die Innenseiten der
Schraubverschlüsse.

5

Jetzt klebst du Augen und Schnabel ebenfalls mit Alleskleber auf.

6

Zum Schluss schneidest du mit dem Cutter mittig einen kleinen Schlitz ca. 1 cm
unterhalb der Bauchöffnung. Dort hinein
steckst du das Holzstäbchen und klebst es
innseitig fest. Fertig ist deine Futterstelle.

DOSENGLÜCK

MATERIAL

- 3 leere Konserven- oder Blechdosen in verschiedenen Größen
- Geschenkpapierreste, je ca. 40 cm x 25 cm
- Tonpapierreste
- 3 Holzkugeln, ø 2 cm

- Pizzaschachtel oder Pappreste
- Acrylfarbe in Hellrosa, Pink und Rosa
- Pinsel
- Stift
- Schere
- Klebestift

❧ VORLAGEN SEITE 122 ❧

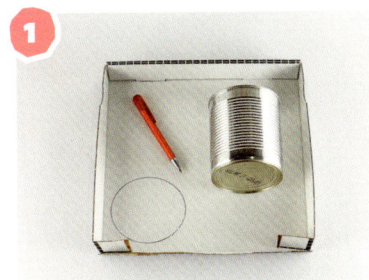

Klebe Geschenkpapier mit Klebestift um die Dose und schneide überstehende Reste einfach ab. Am besten misst du vorher aus, wie lang dein Stück Geschenkpapier ungefähr sein muss, damit es gut um die Dose passt.

Stelle die Dosen auf den Deckel der Pizzaschachtel und umfahre sie mit einem Bleistift. Schneide die Kreise ca. 0,3 cm kleiner als aufgemalt aus. Probiere aus, ob die Kreise gut in deine Konservendosen passen, sonst musst du ggf. noch etwas mehr abschneiden.

Schneide aus Tonpapierresten nach Vorlage schöne Etiketten aus und klebe sie mittig mit Klebestift auf die Vorderseite der Dosen. Nun sind die Dosen bereit für deine Schätze.

Klebe mit Bastelkleber eine Holzkugel in die Mitte der Pappkreise. Dann bemalst du die Deckel mit Acrylfarbe.

VORLAGEN

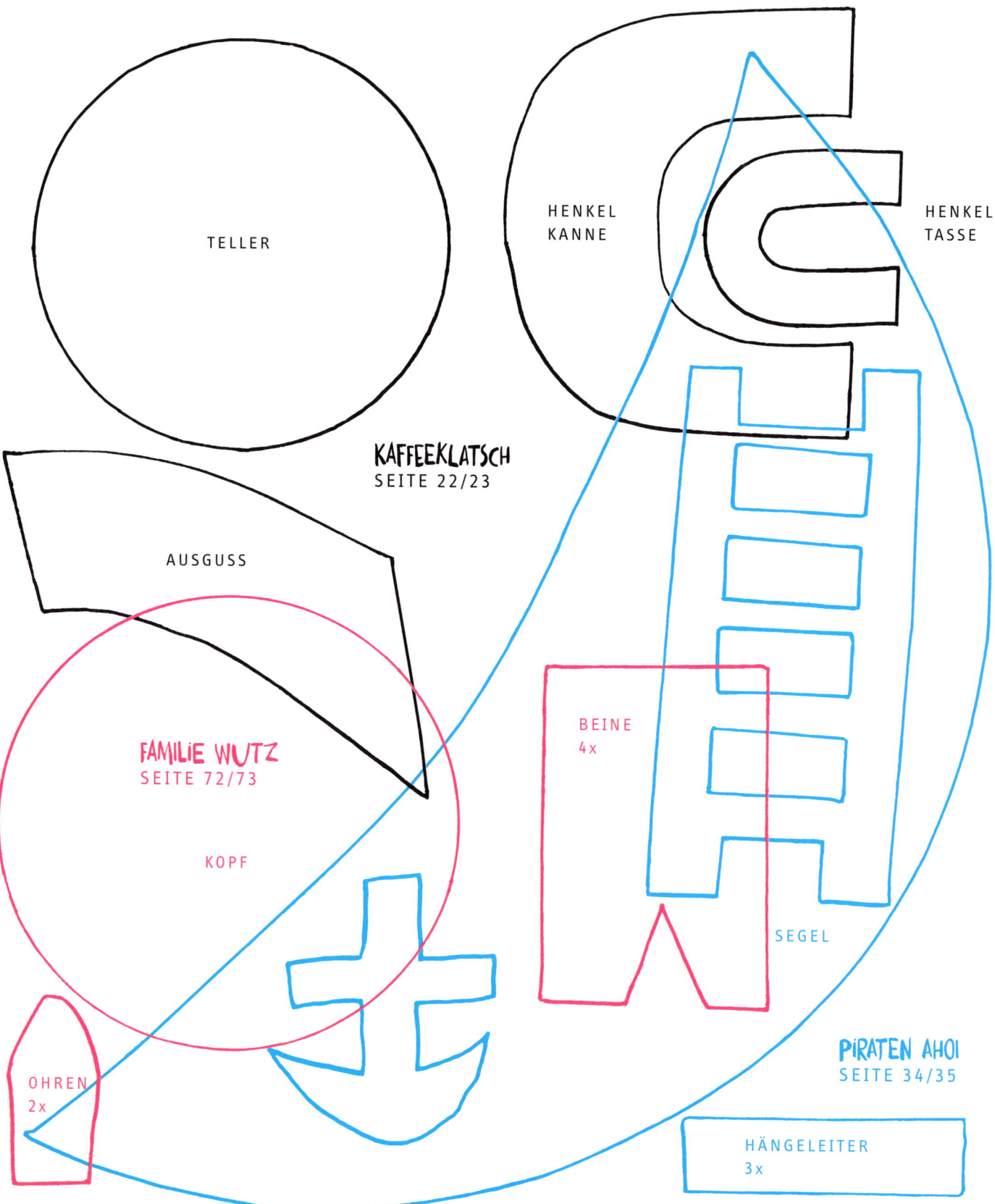

TELLER

HENKEL
KANNE

HENKEL
TASSE

KAFFEEKLATSCH
SEITE 22/23

AUSGUSS

BEINE
4x

FAMILIE WUTZ
SEITE 72/73

KOPF

SEGEL

OHREN
2x

PIRATEN AHOI
SEITE 34/35

HÄNGELEITER
3x

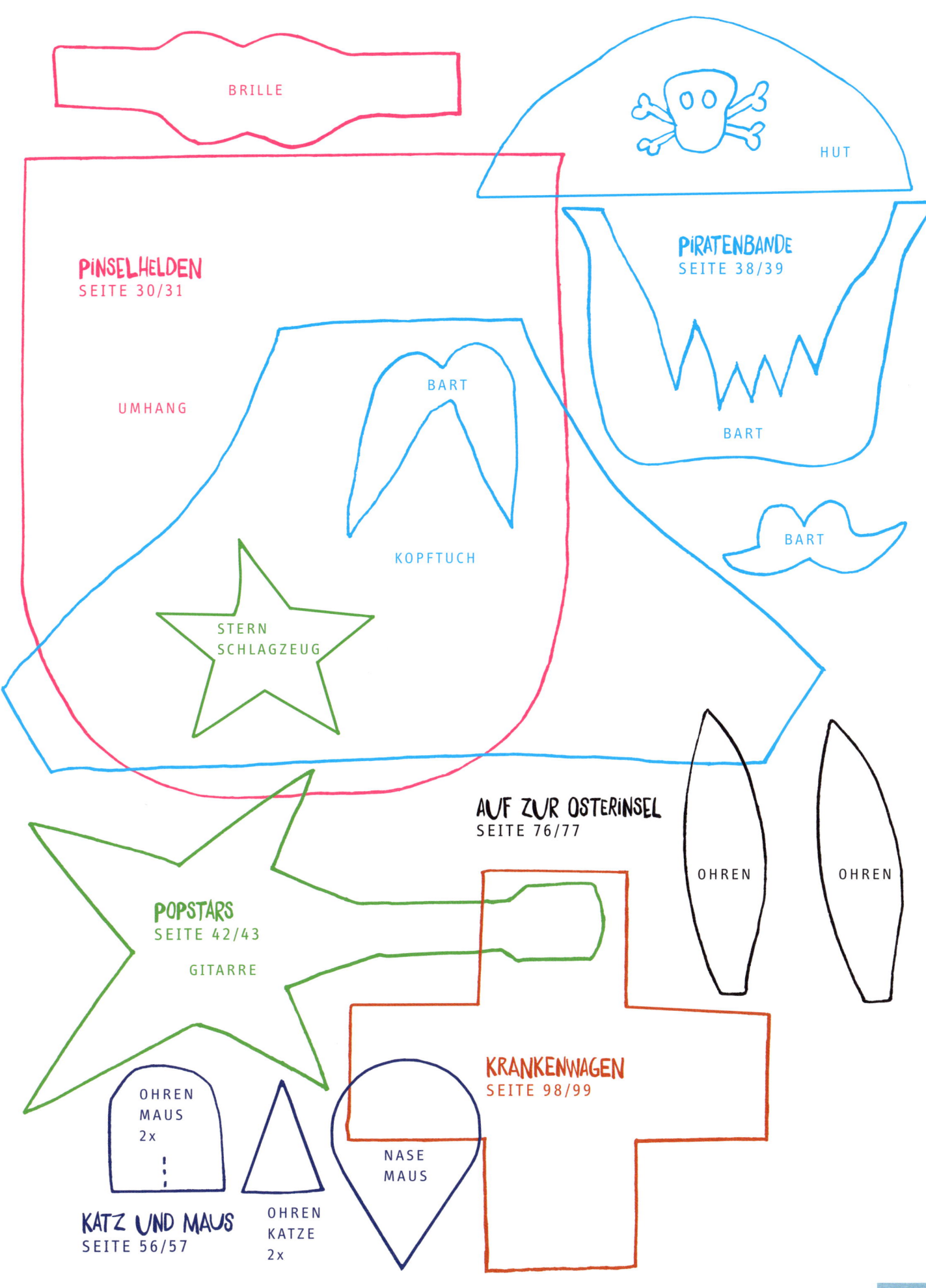

BRILLE

HUT

PIRATENBANDE
SEITE 38/39

PINSELHELDEN
SEITE 30/31

BART

BART

UMHANG

KOPFTUCH

STERN
SCHLAGZEUG

AUF ZUR OSTERINSEL
SEITE 76/77

OHREN

OHREN

POPSTARS
SEITE 42/43

GITARRE

KRANKENWAGEN
SEITE 98/99

OHREN
MAUS
2x

NASE
MAUS

KATZ UND MAUS
SEITE 56/57

OHREN
KATZE
2x

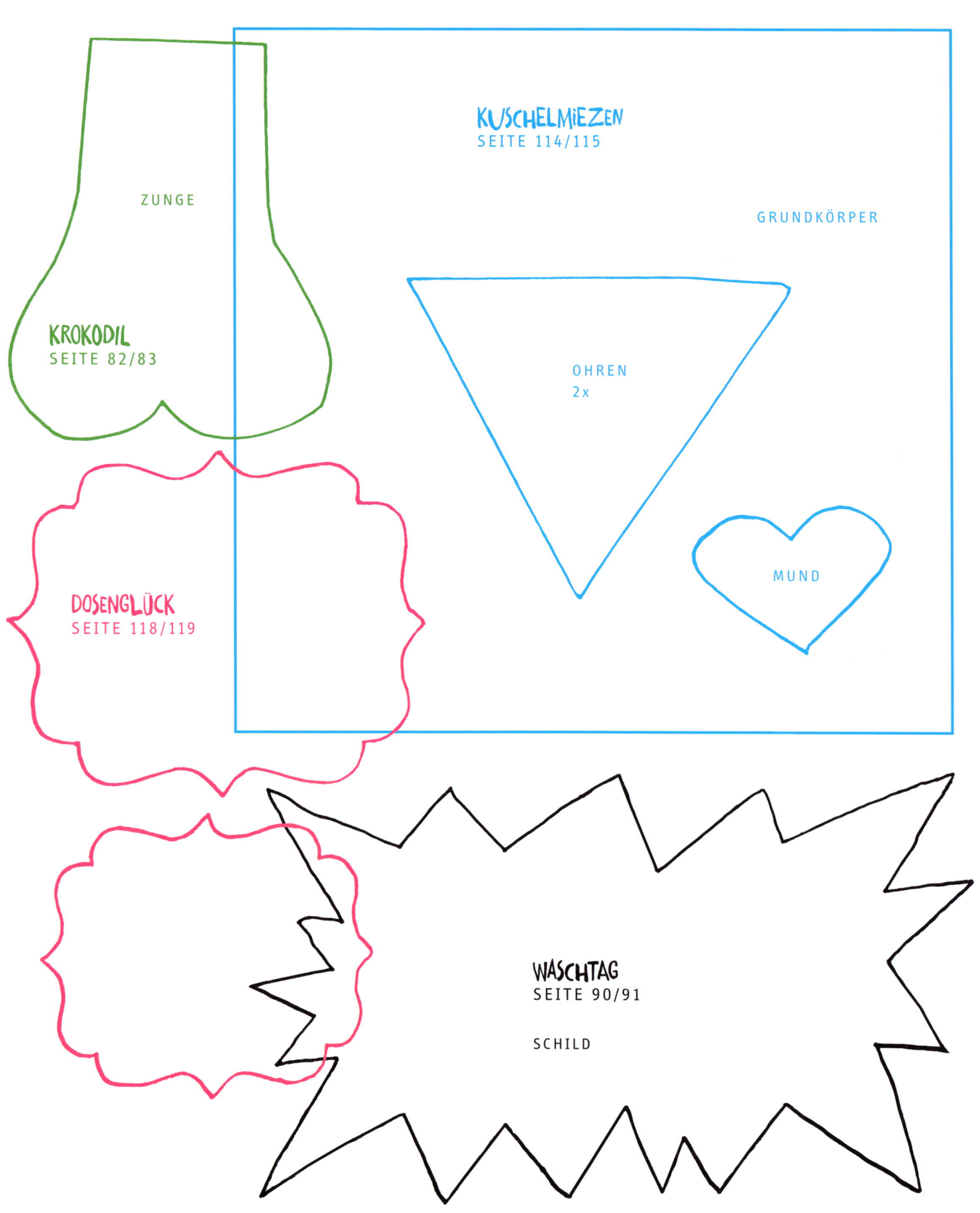

ZUNGE

KROKODIL
SEITE 82/83

KUSCHELMIEZEN
SEITE 114/115

GRUNDKÖRPER

OHREN
2x

MUND

DOSENGLÜCK
SEITE 118/119

WASCHTAG
SEITE 90/91

SCHILD

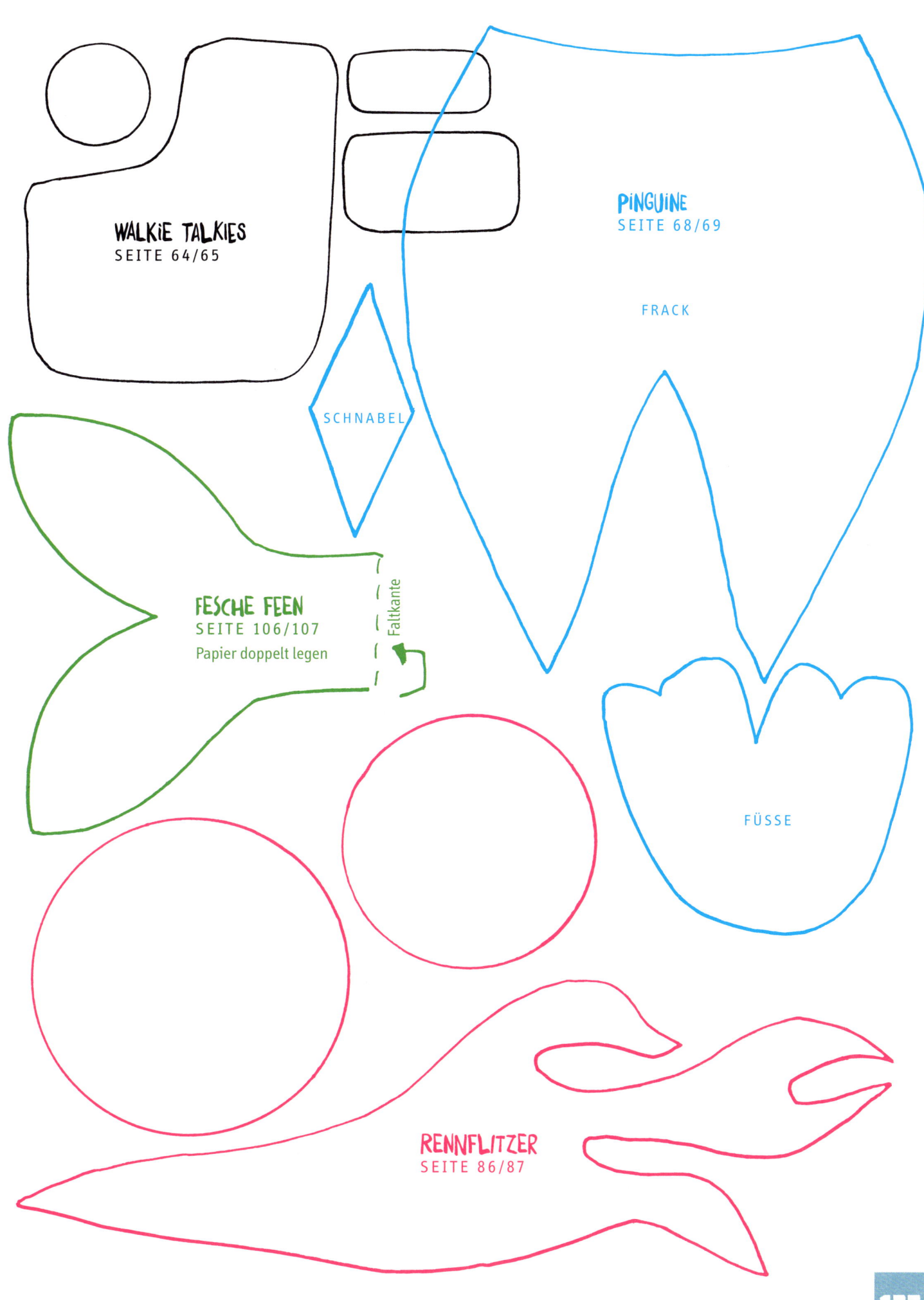

WALKIE TALKIES
SEITE 64/65

PINGUINE
SEITE 68/69

FRACK

SCHNABEL

FESCHE FEEN
SEITE 106/107

Papier doppelt legen

Faltkante

FÜSSE

RENNFLITZER
SEITE 86/87

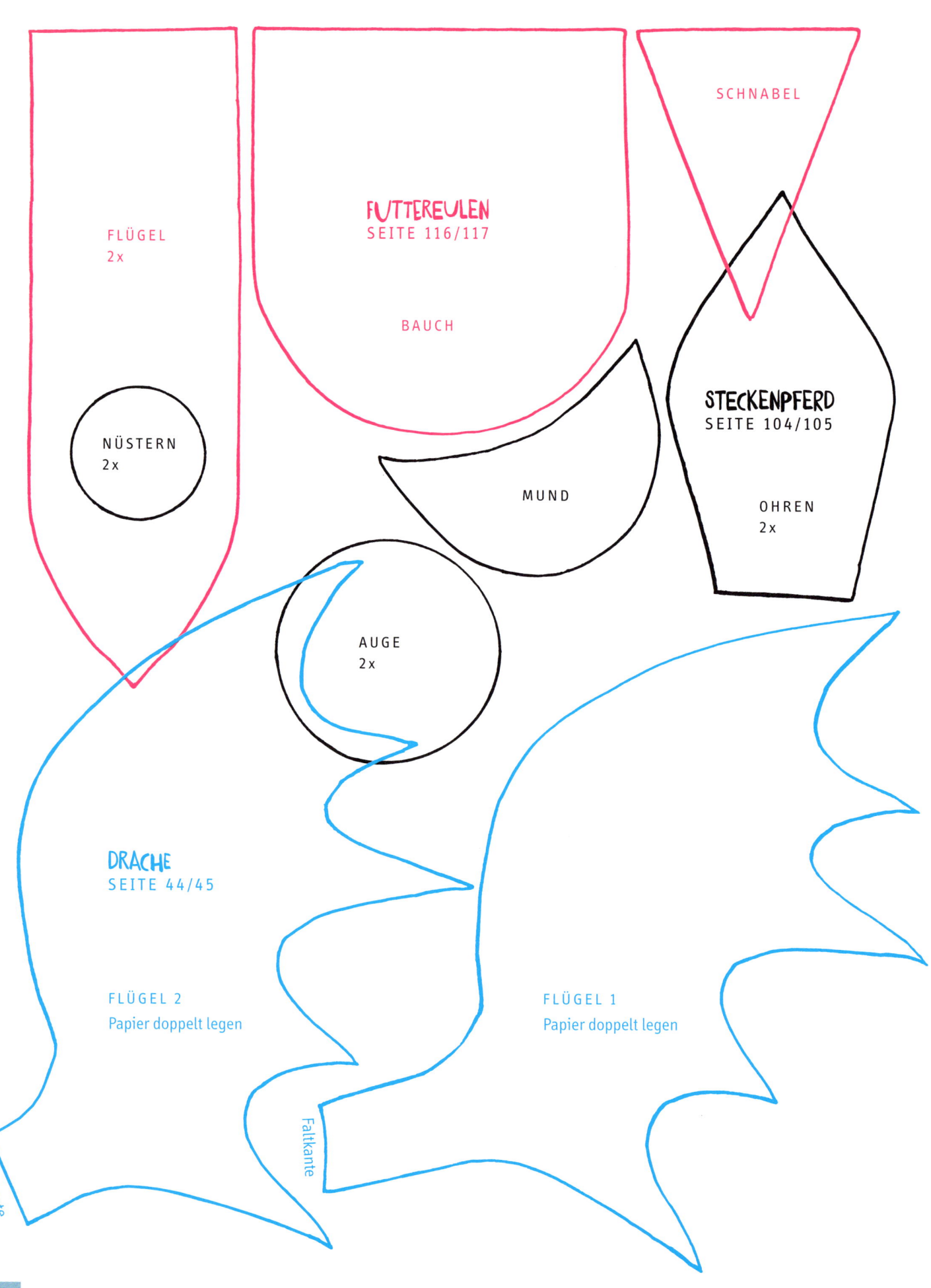

FLÜGEL
2x

FUTTEREULEN
SEITE 116/117

SCHNABEL

BAUCH

NÜSTERN
2x

STECKENPFERD
SEITE 104/105

MUND

OHREN
2x

AUGE
2x

DRACHE
SEITE 44/45

FLÜGEL 2
Papier doppelt legen

FLÜGEL 1
Papier doppelt legen

Faltkante

Faltkante

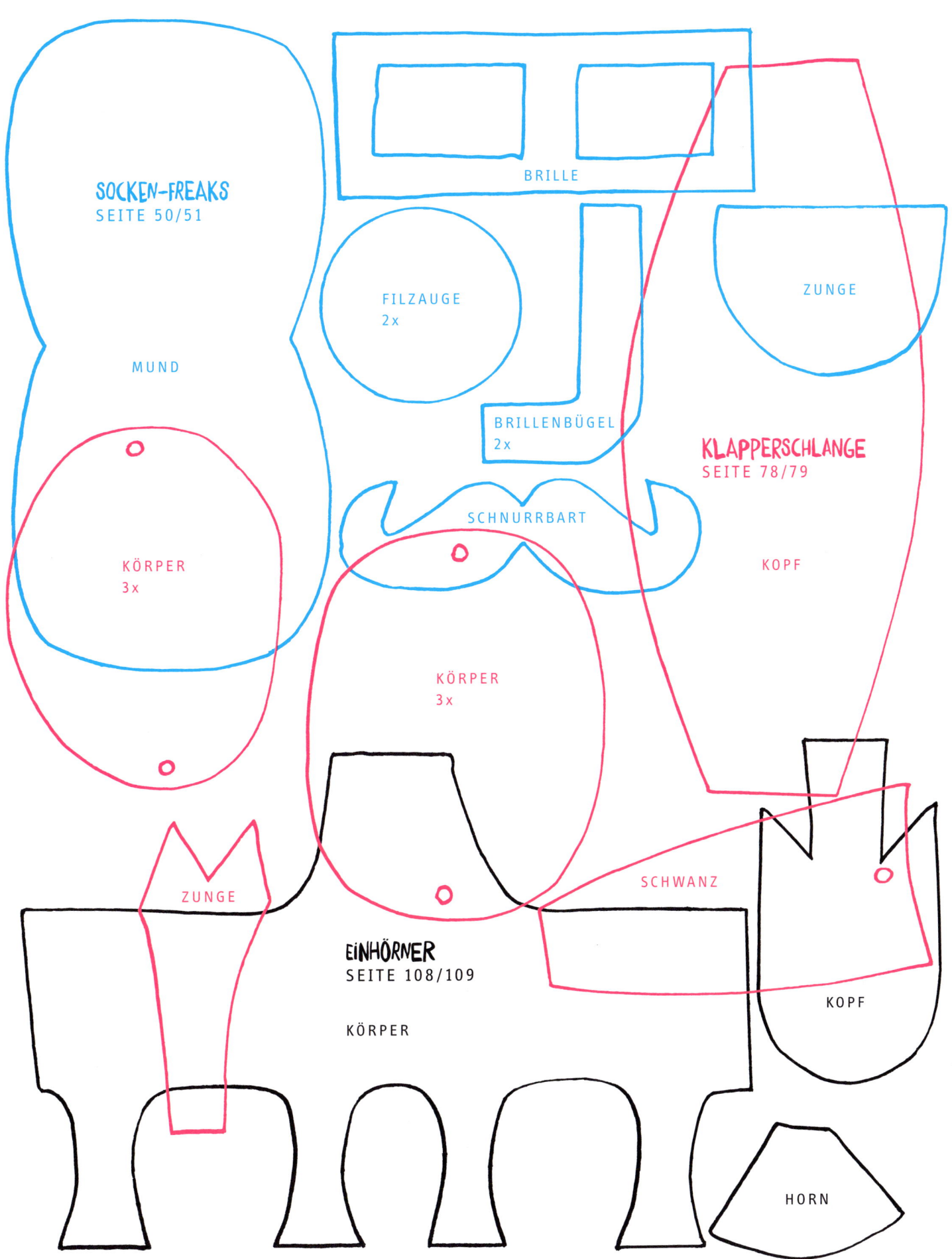

SOCKEN-FREAKS
SEITE 50/51

BRILLE

FILZAUGE
2x

MUND

BRILLENBÜGEL
2x

ZUNGE

KLAPPERSCHLANGE
SEITE 78/79

KOPF

SCHNURRBART

KÖRPER
3x

KÖRPER
3x

ZUNGE

SCHWANZ

EINHÖRNER
SEITE 108/109

KÖRPER

KOPF

HORN

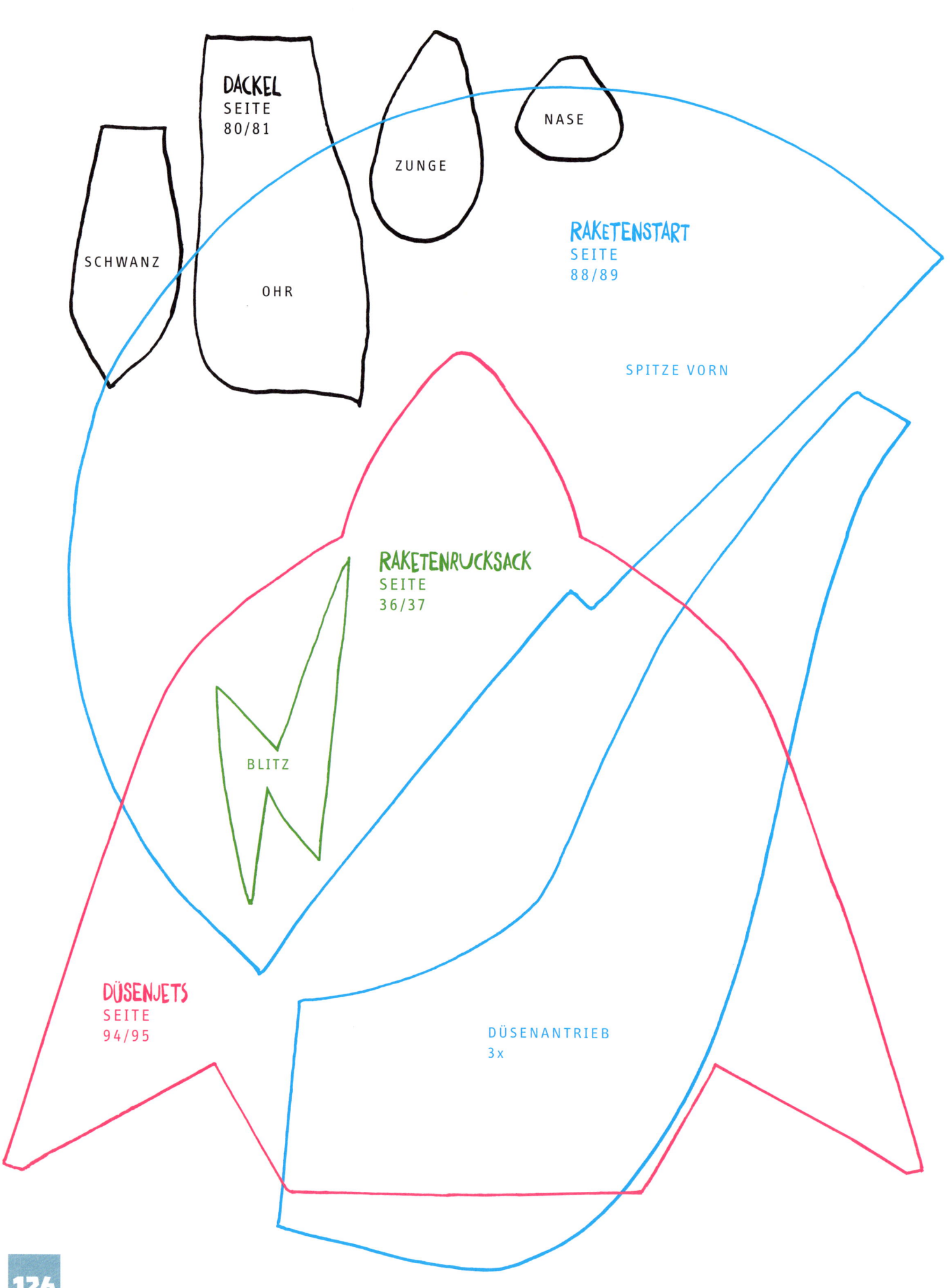

DACKEL
SEITE
80/81

SCHWANZ

OHR

ZUNGE

NASE

RAKETENSTART
SEITE
88/89

SPITZE VORN

RAKETENRUCKSACK
SEITE
36/37

BLITZ

DÜSENJETS
SEITE
94/95

DÜSENANTRIEB
3x

BUCHTIPPS FÜR DICH

Noch mehr Kreativideen von Pia Deges findest du in diesen Büchern:

TOPP 7506
ISBN 978-3-7724-7506-1

TOPP 5686
ISBN 978-3-7724-5686-2

TOPP 5956
ISBN 978-3-7724-5956-6

TOPP 5718
ISBN 978-3-7724-5718-0

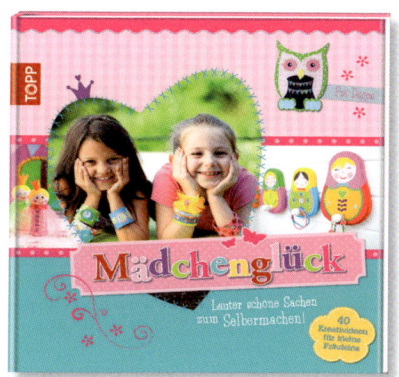

TOPP 5780
ISBN 978-3-7724-5780-7

TOPP 7536
ISBN 978-3-7724-7536-8

DIE AUTORIN

Pia Deges ist als Kind in einen Kessel Konfetti gefallen. Seitdem spuken ihr Supernasen, Socken-Freaks und entzückende Einhörner im Kopf herum.

Obwohl sie Film- und Fernsehwissenschaften studiert hat und fürs Fernsehen textet, glotzt sie selber so gut wie nie. Stattdessen kramt sie am liebsten mit Pinsel und Schere bewaffnet vor sich hin. Nicht mal Müll ist vor ihr sicher. Für dieses Buch haben Freunde haufenweise Abfall bei ihr abgeladen und sich nur ein bisschen über ihren Lieblingssatz: Das kann ich noch guuuuut gebrauchen!" lustig gemacht.

Sie lebt mit ihren drei absoluten Lieblings-Supernasen mitten im Ruhrgebiet.

DANKE AN...

Dankeschön an Petra für die Sammel-Hilfe, an Ida für die schicken Prinzessinnen, an Emil – du bist Mr. Photoshop. Danke für die Currywurst!
Michael einen dicken Kuss fürs Chaosertragen und Angela und Michael vielen lieben Dank für die spaßigen Bastel-, Zeichen- und Kram-Fotoshootings! Ihr seid spitze.

Ein dickes Dankeschön geht auch an die Firmen Efco (Rohrbach), Folia (Wendelstein), Marabu (Tamm), Rico Design (Brakel), Rayher (Laupheim) und UHU (Bühl) für die tolle Unterstützung!

Kreativ-Hotline

Hilfestellung zu allen Fragen, die Materialien und Bücher zu kreativen Hobbys betreffen:
Frau Erika Noll berät Sie. Rufen Sie an oder schreiben Sie eine E-Mail!

Telefon: 0 50 52 / 91 18 58*

*normale Telefongebühren

E-Mail: mail@kreativ-service.info

IMPRESSUM

ALLE MODELLE UND SCHRITTFOTOS: Pia Deges
FOTOS: frechverlag GmbH, 70499 Stuttgart; lichtpunkt, Michael Ruder, Stuttgart
PRODUKTMANAGEMENT UND LEKTORAT: Angela Vornefeld
GESTALTUNG UND SATZ: Nakischa Scheibe
DRUCK UND BINDUNG: Neografia, Slowakei

1. Auflage 2015
© 2015 frechverlag GmbH, 70499 Stuttgart
ISBN: 978-3-7724-7588-7   Best.-Nr. 7588